Abt Johannes Eckert

Lebe, was du bist

Das Buch

Der Abt der Benediktinerklöster St. Bonifaz in München und Andechs gibt Antwort auf die Frage, was in einer Zeit des Wertewandels tragfähig ist, um das eigene Leben sinnvoll zu gestalten. Die klassischen Tugenden erhalten dabei ein verblüffend aktuelles Gesicht: Klugheit verstanden als Urteilsvermögen und Entscheidungskompetenz, Gerechtigkeit als Fairness, Tapferkeit als Courage, das rechte Maß als Balance. Die Tugenden zeigen sich als Lebenshilfe: Wer Verantwortung erkennt und übernimmt, trägt nicht nur zum Gelingen menschlichen Lebens in Gemeinschaft bei, sondern findet auch selbst zu äußerer und innerer Zufriedenheit. Dabei weiß benediktinische Weisheit um die Realität mit ihren Grenzen und kann auch Erfahrungen des Scheiterns einbeziehen, ohne entmutigt zu werden. „Lebe, was du bist" bedeutet auch, durch Humor zur wahren Menschlichkeit zu finden und in Krisen den „Bodenkontakt" nicht zu verlieren.

Der Autor

Abt Johannes Eckert, Dr. theol., geb. 1969, ist Abt der Benediktinerklöster St. Bonifaz in München und Andechs. Neben seinen vielfältigen seelsorglichen Tätigkeiten gestaltet er seit Jahren Exerzitien für Führungskräfte und Manager.

Abt Johannes Eckert

LEBE, was du bist

klug – gerecht – maßvoll – tapfer

HERDER

FREIBURG · BASEL · WIEN

HERDER spektrum Band 6379

MIX
Papier aus verantwor-
tungsvollen Quellen
FSC® C083411

Originalausgabe
© Kösel-Verlag München
in der Verlagsgruppe Random House GmbH 2007

Für die Taschenbuchausgabe
© Verlag Herder GmbH, Freiburg im Breisgau 2012
Alle Rechte vorbehalten
www.herder.de

Umschlagkonzeption: Agentur RME Roland Eschlbeck
Umschlaggestaltung: Verlag Herder
Umschlagmotiv: © Andreas P – Fotolia.com
Fotos im Innenteil:
© P. Dr. Benedikt Probst, München und Andechs

Herstellung:
CPI – Clausen & Bosse, Leck

Printed in Germany

ISBN 978-3-451-06379-4

INHALT

In Dankbarkeit für all das Gute,
das ich bewusst und unbewusst
durch meine Mitbrüder erfahre,
sei das Buch dem Konvent von St. Bonifaz in München
und Andechs gewidmet.

Das Wertvolle suchen

»Lebe, was du bist: Klug – gerecht – tapfer – maßvoll.«. Der Titel, der sich an einem Zitat des griechischen Philosophen Pindar (522–445 v. Chr.) orientiert, provoziert Fragen: Was bin ich eigentlich?
Kann ich von mir sagen, dass ich »klug – gerecht – tapfer – maßvoll« bin? Will ich das überhaupt sein? Ist
»klug – gerecht – tapfer – maßvoll zu leben« eine
Lebensmaxime, für die es sich zu leben lohnt? Im
gesellschaftlichen Mainstream jedenfalls gelten andere Eigenschaften als erstrebenswert, machen andere Dinge das Leben lebenswert. Auf die Frage, wie
er die westlichen Werte definiere, antwortete der
bekannte Schriftsteller Salman Rushdi folgendermaßen: »Küssen in der Öffentlichkeit, Schinken-Sand-
wiches, offener Streit, scharfe Klamotten, Kino,

Musik, Gedankenfreiheit, Schönheit, Liebe.« Die Antwort zeigt, dass der Wertebegriff schillernd geworden ist. Es werden damit nicht mehr nur konventionelle Werte wie »Pünktlichkeit, Treue, Ehrlichkeit, Demokratie, Emanzipation« bezeichnet, sondern all das, was Menschen im wahrsten Sinn des Wortes »wert-voll« ist. Und dies wird gleichgesetzt mit allem, was als nützlich, angenehm und schön empfunden wird und letztlich den subjektiven »Wert des Lebens«, den eigenen Lebenswert steigert. So genießen etwa Gesundheit, Wohlbefinden, Unterhaltung, Spaß und vieles andere einen hohen Stellenwert, während zum Beispiel Gehorsam, Disziplin oder Opferbereitschaft in der gesellschaftlichen Werteskala eher unten angesiedelt werden.

Analog zur gesellschaftlichen Entwicklung ist auch der Wertebegriff pluriform geworden. Der umfassende Individualisierungsschub der vergangenen Jahrzehnte hat zu einem tief greifenden Wertewandel in unserer Gesellschaft geführt. Jeder ist frei, für sich persönlich Werte zu definieren, die ihm eben als wertvoll und wichtig erscheinen. Das kann alles Mögliche sein, wie es das Zitat von Salman Rushdi zeigt. Freilich leiten sich aus den differierenden Wertvorstellungen unterschiedliche Welt- und Lebensanschauungen ab, sodass sich Werte ergänzen, aber auch konkurrierend gegenüberstehen können.

Manche sprechen nicht nur vom Wertewandel, sondern sogar vom Werteverfall, und klagen, dass es überhaupt keine verbindlichen Werte mehr gäbe, sondern die Gesellschaft im subjektiv Beliebigen zerfällt. Sie sehen das Ende der abendländischen Kultur und Zivilisation gekommen. Andere wiederum stellen fest, dass es zwar nicht zur »Umwertung aller Werte« gekommen ist, wie es Friedrich Nietzsche im 19. Jahrhundert ankündigte, aber auch sie konstatieren, dass seit etwa vierzig Jahren ein tief greifender gesellschaftlicher Wertewandel im Gang ist. Mit kritischem Blick auf die ausgeprägte Differenzierung und die damit häufig einhergehende Sehnsucht nach einer verbindenden und einheitsstiftenden Kultur wird in der gesellschaftlichen Diskussion wieder neu und immer intensiver die Frage nach den verbindlichen und damit verbindenden Werten gestellt. Der Begriff der »Leitkultur« macht die Runde. Manche sprechen sogar von einer notwendigen »Renaissance verbindlicher Werte«. So ist zu beobachten, dass sich beispielsweise Unternehmen verstärkt Gedanken über werteorientierte Führung machen, um durch eine an Werten ausgerichtete Unternehmenskultur Vorteile im wirtschaftlichen Wettbewerb zu haben.

Die plakative Frage: »Welche Werte brauchen wir?«, bringt die gesellschaftliche Ratlosigkeit letztlich auf den Punkt. Was sind in unterschiedlichen Wertvorstellungen die zentralen Werte? Die prägnante Formulierung des Kirchenlehrers Thomas von Aquin (1225–1274), »bonum faciendum, malum vitandum« – »das Gute ist zu tun, das Böse ist zu meiden«, ist einsichtig. Doch stellt sich wiederum die Frage: Wie finde ich das Gute? Wie unterscheide ich Gut und Böse, Richtig und Falsch? Welche Kriterien sind dabei entscheidend und wer gibt sie mir an die Hand?

Orientierungslosigkeit macht sich breit, die sich zugleich in Hilflosigkeit und Haltlosigkeit zeigt. Auf der Suche nach verbindlichen Werten gleicht unsere Gesellschaft jenem zerstreuten Professor im Zugabteil, der sich auf einen Vortrag vorbereitet und seine Manuskripte und Bücher im ganzen Abteil verteilt. Als er sich gerade in seine Studien vertieft, kommt der Schaffner und bittet ihn um die Fahrkarte. Der Professor beginnt sogleich in allen Taschen zu suchen, aber er kann die Fahrkarte nicht finden. Er sucht weiter zwischen den Manuskripten und in den Büchern, doch sein Mühen bleibt erfolglos. In seiner Verzweiflung schaut ihn der Schaffner mitleidig an und sagt: »Lassen Sie nur, ich glaube Ihnen ja, dass Sie eine Fahrkarte gelöst haben. Es ist schon gut so.« Doch der Professor sucht weiter. Er wird immer unruhiger. Um ihn zu beruhigen, versichert ihm der

Schaffner nochmals: »Beruhigen Sie sich doch, ich glaube Ihnen, dass Sie kein Schwarzfahrer sind.« Der Verzweiflung nahe antwortet der Professor aufgeregt: »Ja, wegen *Ihnen* brauche ich die Fahrkarte nicht, aber *ich* muss doch wissen, woher ich komme und wohin ich fahre.«

In dieser Anekdote spiegelt sich die Rat- und Hilflosigkeit unserer Gesellschaft. Gleichen wir nicht manchmal jenem zerstreuten Professor, der nicht mehr weiß, woher er kommt und wohin er will? In der aktuellen Wertediskussion gilt es sowohl zu bedenken, woher wir kommen, als auch zu ergründen, wohin wir eigentlich wollen. Die Beantwortung der Frage nach der Herkunft und Zukunft wird Klarheit und Sicherheit bringen. So mag der Blick in die eigene Geistesgeschichte hilfreich sein, um zunächst einmal die Frage nach der Herkunft zu klären und daraus dann Wege in die Zukunft beschreiben zu können.

Ausgehend von der antiken Philosophie über die christliche Theologie bis hinein in die Aufklärung haben sich bedeutende Denker immer wieder mit der Frage nach verbindlichen Werten auseinandergesetzt, immer unter der Zielsetzung, verbindliche Werte zu erkennen und sie umzusetzen, sodass menschliches Leben in Gemeinschaft glücken und gelingen kann. Mit der Frage nach dem Guten und

Richtigen wurde die Lehre von den Tugenden als ethische Wegbeschreibung entwickelt. Diese Lehre dient gleichsam als Handwerkszeug, das hilft, in unterschiedlichen Anforderungen und Lebenssituationen unserer Verantwortung füreinander gerecht zu werden. Aufgabe der Tugendlehre ist es, Werte zu erkennen und zu definieren und dann die Wertorientierung einzuüben, sodass das menschliche Leben dadurch geprägt wird. Um an diese Leittugenden, diese ethischen Grundausrichtungen zu erinnern und sie im Alltag sichtbar zu vergegenwärtigen, fand die Tugendlehre reiche künstlerische Ausdrucksformen. Gerade die vier Haupttugenden, die auch Kardinaltugenden genannt werden, Klugheit, Gerechtigkeit, Tapferkeit und Maß wurden als allegorische Frauengestalten vielfach in den Schlössern, Kirchen und Klöstern des Barock abgebildet. Sie dienten besonders als Fürstenspiegel, das heißt als Orientierungs- und Reflexionshilfe für Menschen, denen Macht und Verantwortung anvertraut war. Mithilfe der Kardinaltugenden galt es, Werte zu erkennen, sie zu leben und zu vermitteln.

Die Rückbesinnung auf die Tugendlehre kann daher auch für die Bewältigung von Herausforderungen unserer Zeit nützlich sein, da dies ein bewährtes Modell ist, das tief in der abendländischen Geistesgeschichte verwurzelt ist.

Im Folgenden wird daher zunächst einmal ergründet, was »Tugend« eigentlich ist und welche Haupttugenden, bzw. Kardinaltugenden es gibt. Klugheit verstanden als Urteilsvermögen und Entscheidungskompetenz, Gerechtigkeit als Fairness, Tapferkeit als Courage, das rechte Maß als Balance werden nacheinander vorgestellt und erläutert. Kurze Impulsfragen möchten helfen, die je eigene Lebenswelt mit dem Gelesenen zu konfrontieren und Ansatzpunkte für das eigene Tun und Lassen zu finden. Schließlich wird ein benediktinischer Ausblick das Spannungsfeld zwischen Ideal und Wirklichkeit thematisieren und gleichsam die Perspektive auf die drei göttlichen Tugenden »Glaube – Hoffnung – Liebe« erweitern.

Ziel des Buches ist es, zu motivieren, gut und richtig zu leben, es möchte helfen, Verantwortung zu erkennen, diese an- und wahrzunehmen und so letztlich zu äußerer und innerer Zufriedenheit zu finden. Im Blick auf das Cover des Buches meint das nichts anderes, als im eigenen Leben auf die intensive Suche nach der kostbaren Perle zu gehen, die es in seinem Innersten zu entdecken gilt. Kurz gesagt will dieses Brevier der Tugenden dazu anstiften, das zu leben, was wir eigentlich schon sind, daher die prägnante Aufforderung: »Lebe, was du bist: klug – gerecht – tapfer – maßvoll!«

Abschließend sei noch herzlich P. Dr. Benedikt Probst OSB gedankt, der mit großem Können und künstlerischem Gespür die Fotografien erstellte, sowie Fr. Leonhard Winkle OSB und Fr. Georg Hanß OSB, die ihm dabei fachgerecht und engagiert assistierten. Ebenso gilt dem Kösel Verlag mit seinem Verlagsleiter Winfried Nonhoff und der Lektorin Frau Michaela Breit ein Wort des Dankes für die unkomplizierte Realisierung dieses Buches sowie allen, die auf irgendeine Weise an der Erstellung beteiligt waren.

In Dankbarkeit für all das Gute, das ich bewusst und unbewusst durch meine Mitbrüder erfahre, sei das Buch dem Konvent von St. Bonifaz in München und Andechs gewidmet.

TUGEND, WAS IST DAS EIGENTLICH?

Aus der Not eine Tugend machen

Die Begriffe »Tugend« und »tugendhaft« werden in unserem alltäglichen Sprachgebrauch nur noch selten verwendet. Wann sprechen wir eigentlich von einem tugendhaften Menschen oder fordern Tugenden ein? Freilich ist das Sprichwort: »Aus der Not eine Tugend machen«, bekannt und gebräuchlich. Es bringt zum Ausdruck, dass anscheinend Tugend immer dann ein Bedürfnis ist, wenn Not erfahren wird und menschliches Leben existenziell bedroht ist. Wenn sich beispielsweise nach einer Unwetterkatastrophe freiwillige Helfer für die Geschädigten engagieren, dann wird aus der Not eine Tugend. Tugend bewegt sich also zunächst im Nicht-Vorhersehbaren, Nicht-Planbaren, Nicht-Machbaren. Tugend wird zur Grenzerfahrung, wenn es darum geht, aus dem eigenen Verantwortungsbewusstsein heraus, Notlagen und Krisen zu bewältigen. Aus der Not wird aber auch dann eine Tugend, wenn ein Mensch eine schwere Krankheit durchgestanden hat und daraufhin seine Lebensgewohnheiten völlig umstellt, indem er etwa gezielt Sport treibt oder auf eine gesunde Ernährung achtet.

Wer etwas taugt, ist zu gebrauchen

Freilich formuliert das Sprichwort nur einen Aspekt von Tugend. Nähern wir uns daher zunächst der Tugend von ihrer Wortbedeutung an. Das deutsche Wort »Tugend« leitet sich von »taugen« ab. Wenn ein Mensch umgangssprachlich ausgedrückt »etwas taugt«, dann ist er zu gebrauchen, dann ist er in Ordnung. Wahrscheinlich ist der Begriff »Tugend« auch mit den Bezeichnungen »aufrecht« und »zuverlässig« sprachverwandt. Ein tugendhafter Mensch wäre dann

einer, der aufrecht durchs Leben geht, der zuverlässig ist, auf den man sich verlassen kann.

Tugend ist die Steigerung von gut sein

Im Griechischen finden sich zwei Begriffe für »Tu-
gend«: »dynamis« und »areté«. »Dynamis« bezeichnet
»Kraft, Stärke, Macht, Vermögen« und leitet sich vom
Verb »dynamai« ab, was so viel bedeutet wie »Ver-
mögen, Macht haben«. Tugend heißt somit, Kraft,
Vermögen zu haben. »Dynamis« meint ebenso die
Kraft und Macht des Schöpfers, die wirksame Kraft
Gottes, die in jedem Menschen steckt. Im Deutschen
lassen sich davon die Lehnwörter Dynamik, Dynamit,
Dynamo ableiten. Tugend kann somit als Dynamik

beschrieben werden, die als schöpferische Kraft menschliches Leben in Schwung hält. Sie gleicht Dynamit und zeigt sich als explosive schöpferische Wirkmacht im Menschen. Schließlich kann Tugend als Dynamo gedeutet werden, als Anlage, die Energie im Menschen freisetzt.

Der zweite griechische Begriff für Tugend ist »areté« und bezeichnet »Trefflichkeit, Tapferkeit, Tüchtigkeit, Vortrefflichkeit«, aber auch die »Bestheit«. »Areté« leitet sich als Superlativ von »agathos« – »gut« ab. »Tugend« ist also die Steigerung von gut sein, es geht darum, sein Bestes zu finden, zu entwickeln und zu geben. Tugend hat somit mit der Suche nach echter Qualität zu tun. »Areté« umschreibt die wesensgemäße »Bestheit« einer Person, das also, was einer aus dem Guten macht, das in ihm steckt.

In den lateinischen Begriff für Tugend »virtus« sind beide Definitionen eingeflossen, wobei »virtus« von »vir« – »Mann« abgeleitet ist und somit »mannhaftes Verhalten« bzw. »Mannhaftigkeit« umschreibt und nähert sich damit der Tapferkeit an, der wir uns später zuwenden werden.

Tugend sucht
das Beste zu erreichen

»Tugend« kann somit bestimmt werden als Tauglichkeit, als schöpferische Sprengkraft, die Energie freisetzt und das Leben in Schwung bringt mit der Aufgabe, das Beste zu finden und zu tun. Damit nähern wir uns der klassischen Tugenddefinition.

In der Antike wurde Tugend als die gelebte Überzeugung eines Menschen verstanden, das Gute zu erkennen und zu tun, und dafür alle ihm zur Verfügung stehenden Kräfte einzusetzen.

So wird die Tugendlehre zu einem wesentlichen Instrument der Persönlichkeitsbildung. Die Tugend gilt in der griechischen Philosophie infolgedessen als »ultimum potentiae«, als das Äußerste dessen, was ein Mensch sein kann. Indem er die Möglichkeiten, die in ihm stecken, verwirklicht und sich dafür einsetzt, dem Guten Gestalt zu geben, entsteht Tugend. Der griechische Dichter und Philosoph Pindar (522–445 v. Chr.) hat dies prägnant in die Formel gebracht: »Werde, was du eigentlich schon bist.« Auf diesem Hintergrund lässt sich die Definition des Katechismus der Katholischen Kirche verstehen: »Die Tugend ist eine beständige, feste Neigung, das Gute zu tun. Sie ermöglicht dem Menschen, nicht nur gute Taten zu vollbringen, sondern sein Bestes zu leisten. Mit all seinen sinnlichen und geistigen Kräften strebt der tugendhafte Mensch nach dem Guten. Er sucht es zu erreichen und entscheidet sich bei seinen konkreten Handlungen dafür.«

Alle menschlichen Kräfte gilt es zu bündeln, um so echte Kompetenz auf dem Gebiet des Guten zu erlangen, damit das Beste erreicht werden kann. Damit aber sind wir bei der aktuellen Wertediskussion angelangt. Werte gilt es zu erkennen, sich daran auszurichten und diese Ausrichtung einzuüben. So entsteht »Tugend«. Schauen wir diesen Prozess ein wenig genauer an.

Mit Verstand und Willen
Werte realisieren

Die Philosophie kennt die Unterscheidung in Verstandes- und Willenstugenden. Während die Verstandestugenden durch Belehrung erworben werden, werden die Willenstugenden durch Übung und Gewohnheit ausgebildet. Zunächst muss ein Wert, zum Beispiel die Wahrheit, als solcher erkannt werden. Zu dieser Erkenntnis braucht es den Verstand. Darauf folgt als nächster Schritt das Orientieren an diesem Wert, die Wertorientierung. Hier ist der Wille gefragt.

Die Wahrheit, um bei unserem Beispiel zu bleiben, muss sich in der Wahrhaftigkeit zeigen. Schließlich wird dies dazu führen, dass ich mich zur Wahrhaftigkeit verpflichte, das heißt die Wahrhaftigkeit einübe, indem ich immer wieder neu, in jeder Situation, der ich mich stellen muss, frage: Wie kann ich der Wahrheit treu bleiben? Welches konkrete Verhalten ist nun erforderlich, um wahrhaftig zu bleiben?

Erst im Einüben wird die Wahrheit für mich und mein Umfeld zum realen Wert. Es greift also zu kurz, wenn Werte eines Unternehmens in Leitbildern auf Hochglanzpapier abgedruckt werden, ohne dass sie im Sinn der Tugendlehre dann auch eingeübt und dadurch zu Grundhaltungen werden, die das Miteinander des Unternehmensalltags bestimmen. Wertorientierte Führung braucht Tugendlehre. Wertorientiert führen heißt im Anschluss dann auch, entsprechende Strukturen in einer Organisation zu schaffen, die die Realisierung von Tugenden fordern und fördern.

Dabei ist Tugend keine Anlage, die von Geburt aus im Menschen steckt. Tugend ist vielmehr Übung, wie Aristoteles (384–322 v. Chr.) treffend beschreibt: »Die Tugenden werden uns weder von der Natur noch gegen die Natur zuteil, sondern wir haben die natürliche Anlage, sie in uns aufzunehmen. Zur Wirklichkeit aber wird diese Anlage durch Gewöhnung. Wir erlangen die Tugenden nach vorausgegangener Tätigkeit, wie dies auch bei den Künsten der Fall ist. Denn was wir tun müssen, nachdem wir es gelernt haben, das lernen wir, indem wir es tun. So wird man durch Bauen ein Baumeister und durch Zitherspielen ein Zitherspieler. Ebenso werden wir aber auch durch gerechtes Handeln gerecht, durch Beobachtung der Mäßigung mäßig, durch Werke des Starkmuts starkmütig.« Tugend braucht Training und dabei müssen alle menschlichen Kräfte mit einbezogen werden. Die Tugendlehre versteht sich daher als ganzheitlicher Ansatz, bei dem Vernunft, Willen und Sinne aufeinander bezogen werden, um das Beste zu erreichen.

Impulsfragen
Was sind für mich wichtige Werte?
An welchen Werten orientiere ich mich in meinem Leben?
Wie übe ich Werte ein?

Wertorientierte Führung
braucht Tugend

Wertorientierte Führung braucht Tugend, um durch
Übung beste Qualität sicherzustellen. Das allerdings
bedeutet Anstrengung und Kraftaufwand, wie es der
Dichter Wilhelm Busch vor über hundert Jahren auf
humorvolle Weise in seinem Gedicht »Gut und Böse«
zum Ausdruck bringt:

> *Tugend will, man soll sie holen,*
> *ungern ist sie gegenwärtig;*
> *Laster ist auch unbefohlen*
> *dienstbereit und fix und fertig.*
>
> *Gute Tiere, spricht der Weise,*
> *musst du züchten, musst du kaufen;*
> *doch die Ratten und die Mäuse*
> *kommen ganz von selbst gelaufen.*

Laster ist Mangel
an Gutem

Damit sind wir beim Gegenteil der Tugend angelangt, dem »Laster«. Wiederum handelt es sich um einen Begriff, der im alltäglichen Sprachgebrauch selten Verwendung findet. Wenn wir vom Laster sprechen, etwa dass das Zigarettenrauchen ein Laster ist, dann geschieht das meist in verharmlosender Weise. Dabei meint Laster ursprünglich die Schlechtigkeit eines Menschen. Wenn wir über einen Menschen »lästern« oder einer uns »lästig« ist, dann kommt die negative Auswirkung des Lasters schon deutlicher zum Vorschein.

Der lateinische Begriff »vitium« meint »Fehler, Mangel«. Ein Laster ist also ein Mangel an Gutem. Es fehlt am Guten. Nehmen wir den griechischen Begriff für Laster: »kakia« meint tatsächlich die Schande, die ein Mensch auf sich nimmt, wenn er nicht gut ist. Während die Tugend versucht, alle Kräfte zu bündeln, um das Gute zu erreichen, lässt sich das Laster gehen. Folge davon ist nicht Symphonie, also Zusammenklang, sondern Kakophonie, also Missklang.

Vielen Menschen erscheint das tugendsame Leben schwer zu sein, weil es Übung und Disziplin bedeu-

tet, während es sich mit Lastern leichter zu leben

scheint. Doch das ist Selbstbetrug. Tugendsam zu sein, heißt letztlich, in der Suche und der Umsetzung des Guten sich selbst treu zu bleiben, während das Laster Abhängigkeit, Sucht und Selbstentfremdung mit sich bringt. Letztlich wurde die Tugendlehre in der Geistesgeschichte immer als »ars vivendi« verstanden, als Kunst, die zu erfülltem Leben verhilft. Dies wurde im Alltag oft verkannt, wie es Eugen Roth in seinem Gedicht treffend beschreibt:

FALSCHE ERZIEHUNG

Ein Mensch lernt in der Kinderzeit,
des Lasters Straßen seien breit,
jedoch der Tugend Pfade schmal
in diesem irdischen Jammertal.
Der Mensch, bei seinem Erdenwandern,
geht einen Holzweg nach dem andern,
weil er auf Straßen, breit gebaut,
sich einfach nicht mehr gehen traut.

Impulsfragen

Welche Laster habe ich?
Von welchen Lastern muss ich mich trennen?

DIE VIER KARDINALTUGENDEN: KLUGHEIT, GERECHTIGKEIT, TAPFERKEIT, MAß

Kardinaltugenden – lebensbedeutsam und richtungsweisend

Im Folgenden soll nun mithilfe der vier Kardinaltugenden aufgezeigt werden, dass die Tugendlehre den Menschen nicht einengt, sondern ihm zu erfülltem Leben verhilft.

Freilich kostet das Einüben Disziplin und ist durchaus anstrengend. Das kennen wir jedoch auch aus anderen Lebensbereichen. Beim Sport oder beim

Erlernen eines Instrumentes ist es ähnlich. Tägliches Üben, das nicht immer Spaß macht, ist angesagt. Allerdings wird dies zur Voraussetzung, dass ich eine Fertigkeit entwickle, die mir Freude und Erfüllung bringt, wenn ich schließlich zum Beispiel Klavierspielen kann oder ein erfolgreicher Sportler bin.

Die griechische Philosophie konzentriert sich schon früh auf vier Haupttugenden, die später sowohl die römische Stoa, eine der wirkungsmächtigsten philosophischen Lehrgebäude in der abendländischen Geschichte, als auch alle frühen Kirchenlehrer übernehmen: Klugheit, Gerechtigkeit, Tapferkeit, Maß. Als Kardinaltugenden etablieren sie sich in der abendländischen Geistesgeschichte, gleichsam als Einmaleins der Tugendlehre.

»Cardo« meint im Lateinischen die »Türangel, den Dreh- und Angelpunkt, den Hauptumstand«. Kardinaltugenden sind somit Angelpunkte, von denen gute Taten abhängen, gleichsam Türangeln, die die guten Taten tragen. Sie sind Tugenden, um die sich alles dreht, die wie Türangeln tragende Funktion für alle anderen Tugenden haben.

Ambrosius von Mailand (340–397), einer der vier lateinischen Kirchenväter, tituliert die Kardinaltugenden im Rückgriff auf Plato als »virtutes principales«, als Haupttugenden. In der Bibel finden sich die Kardinaltugenden nur in der griechisch beeinflussten Weisheitsliteratur des Alten Testaments. Dort heißt es: »Wenn jemand Gerechtigkeit liebt, in ihren Mühen findet er die Tugenden. Denn sie lehrt Maß und Klugheit, Gerechtigkeit und Tapferkeit, die Tugenden, die im Leben der Menschen nützlicher sind als alles andere« (Buch der Weisheit 8,7). Es ist besonders Ambrosius von Mailand zu verdanken, dass die Kardinaltugenden in die christliche Ethik Eingang gefunden haben. Er beschreibt sie als Viergespann, das von Christus gelenkt wird. Im Bild des Wagens, der von vier Pferden gezogen wird, wird wiederum deutlich, dass die Tugenden als Kräfte verstanden werden dürfen, die aus dem Inneren des Menschen aufsteigen und nicht wie Gebote und Verbote von außen an ihn herantreten. Im aufeinander abge-

stimmten Miteinander sollen die Kardinaltugenden den Wagen des Lebens auf einen guten Weg bringen, sodass menschliches Leben glückt und gelingt und zu erfülltem Leben werden kann. Im selben Maß, wie vier Pferde im gleichen Schritt und Tempo einen Wagen ziehen, ist es die Funktion der Kardinaltugenden, in harmonischer Ausgewogenheit den Wagen unseres Tun und Lassens in Gang zu setzen, sodass er nicht schief gezogen wird oder gar umstürzt und im Straßengraben landet. Ziel der Tugendlehre ist es, die vollendete Harmonie des Menschen in sich selbst herzustellen.

Impulsfragen

Welche Kräfte treiben meinen Lebenswagen
vorwärts?

Wer sitzt am Steuer?

Habe ich die Zügel in der Hand?

Habe ich die Möglichkeiten, das Tempo zu reduzie-
ren oder zu steigern?

Kann ich – falls notwendig – die Richtung ändern?

Geordneter Einsatz aller Kräfte

Dazu wurde unter den Kardinaltugenden eine Rang-
ordnung (connexio virtuum) entwickelt, bei der die
Klugheit (Verstandestugend) als Ursache und Steu-
erungsprinzip der anderen Tugenden den ersten Platz
einnimmt. Durch Reflexion wird das Urteilsvermögen
und die Entscheidungskompetenz gestärkt, um so
vernünftig und nicht zufällig zu handeln.

Als Vollzug der Klugheit folgt an zweiter Stelle
die Gerechtigkeit (Verstandes- und Willenstugend),
die in ihrer ordnenden Ausrichtung stärker handlungsbezogen ist. Durch Fairness und verlässliche
Partnerschaft, wie wir heute sagen würden, gilt es,
dem anderen, aber auch sich selbst gerecht zu
werden. *31*

Bei der konkreten Umsetzung ist dann an dritter Stelle die Tapferkeit (Verstandes- und Willenstugend) gefragt, verstanden als Mut zum Standpunkt und Mut zum Einsatz, der auch bereit ist, manches Risiko in Kauf zu nehmen. Um bei der Umsetzung jede Form von Extremismus zu vermeiden, braucht es schließlich das rechte Maß (Willenstugend), das zwischen Leidenschaft und Vernunft vermittelt, gleichsam als Balance. Es schafft den Ausgleich, indem die eigenen und fremden Kräfte richtig eingesetzt werden. Kurz gesagt: Kalkuliertes Unternehmertum.

In dieser Reihenfolge wollen wir uns nun den vier Kardinaltugenden als Führungstugenden annähern.

Impulsfragen

Wie treffe ich in meinen Lebensbereichen Entscheidungen?

Welche Maßstäbe setze ich an?

Welche Rolle spielt es in diesen Entscheidungsprozessen für mich, klug abzuwägen, gerecht zu entscheiden, tapfer Entscheidungen durchzutragen und dabei Extreme zu vermeiden?

DIE KLUGHEIT: URTEILSVERMÖGEN UND ENTSCHEIDUNGSKOMPETENZ

Klug ist, wer einen Sinn für die Realität entwickelt

In unserem alltäglichen Sprachgebrauch verwenden wir »klug« nur noch selten und eher negativ behaftet, etwa wenn einer etwas ausklügelt oder sich neunmalklug oder altklug gibt und vulgär als »Klugscheißer« gilt. An die Stelle von klug sind andere Begriffe getreten wie intelligent, vernünftig, konsequent, diplomatisch, clever, schlau. Das »kluge Köpfchen« bezeichnet einen Menschen, der es durch Cleverness versteht, den Rahmen des Legalen voll auszuschöpfen, ohne dass ihm dabei ein Strick daraus gedreht werden könnte. Klugheit wird daher oft verwechselt mit Tricks, die einem helfen, das Gute mit Raffinesse zu umgehen. Dabei meint Klugheit gerade das Gegenteil.

In der Kunst wird die Klugheit als Frau mit Schlange, Spiegel, Buch und zweigesichtigem Januskopf dargestellt.

Durch die Erzählung vom Sündenfall im ersten Buch der Bibel steht die Schlange im christlichen Kulturkreis für List, ja sogar für Hinterlist. Sie ist es, die den Menschen zum Bösen verführt und damit selbst zum bösen Tier wird. In der Regel meiden wir Schlangen, haben sogar verständlicherweise Angst vor ihrem Gift.

Der antike Mensch hatte eine andere Einstellung, und daher gab er der Klugheit als Attribut und Erkennungszeichen eine Schlange hinzu. Als Tier, das auf dem Boden kriecht, steht sie für realitätsbezogene Erdverbundenheit und Bodenhaftung. Mit ihren ausgeprägten feinen Sinnen nehmen Schlangen ihre Umwelt äußerst sensibel wahr. Klugheit meint somit die sensible Erforschung der Wirklichkeit, der konkreten Umstände und Gegebenheiten, sodass der Mensch einen feinen Sinn entwickelt für die Realität. Durch diesen lernt er, zwischen Richtig und Falsch, zwischen Gut und Böse zu unterscheiden. Das bringt auch die Wortbedeutung zum Ausdruck.

Impulsfragen

Nehme ich mir Zeit, um vor Entscheidungen die Umstände und Rahmenbedingungen zu betrachten und damit der Klugheit eine Chance zu geben?

Der Kluge ist scharfsinnig und stellt Fragen

Im Deutschen meint klug etwas, das fein, zart, zierlich, hübsch, geistig gewandt, weise ist, im Gegensatz zu plump, feist, hässlich. Es geht darum, Feingefühl und Gespür für Konturen zu entwickeln, um Wendigkeit und Beweglichkeit, um Freude am Detail. Semantisch ist das Wort »klug« verwandt mit erfahren, einfallsreich, schlau sowie mit Spitze, Zungenspitze, scharfsinnig, gespitzt, geschärft. Der Kluge hat seinen Blick geschärft, ist also scharfsinnig und bringt etwas auf den Punkt. Die Klugheit dient somit der Urteils- und Gewissensbildung.

»Seid klug wie die Schlangen und einfältig wie die Tauben!«, mahnt Jesus im Evangelium (Matthäus 10,16). Mit dieser Spruchweisheit wird die Spannung der Klugheit deutlich. Klug zu sein meint nicht, dass man alles weiß. Daher wird der Kluge eher an seinen Fragen als an seinen Antworten erkannt. Einer, der auf alles eine Antwort zu geben weiß, ist nicht »selbst-klug« sondern »neunmal-klug«, wie unsere Sprache verrät. Der Kluge reflektiert und lässt sich nicht blenden. Der Kluge schaut hinter die Kulissen und lässt sich nicht täuschen. Der Kluge durchleuchtet eine Sache und lässt sich nicht betrügen. Vor allem täuscht er sich nicht selbst, sondern bleibt auf dem Boden der Realität. Darum wird die Klugheit mit einem Spiegel dargestellt.

Impulsfragen

Habe ich Freunde oder Bekannte, die die Gabe besitzen, gute Fragen zu stellen, und die mir dadurch helfen, die richtigen Antworten zu geben und die richtigen Entscheidungen für mein Leben zu treffen?

Der Kluge reflektiert
und durchschaut Zusammenhänge

Wie die Schlange, so deutet auch der Spiegel als Attribut der Klugheit eher auf ein Laster als auf eine Tugend hin. Er steht für Eitelkeit und Selbstverliebtheit entsprechend der eifersüchtigen Frage der bösen Königin im Märchen vom Schneewittchen: »Spieglein, Spieglein an der Wand, wer ist die Schönste im ganzen Land?« Bezeichnend ist, dass es im Märchen gerade der Spiegel ist, der der bösen Stiefmutter ungeschminkt die Wahrheit sagt, ob es ihr passt oder nicht. Als Attribut der Klugheit steht der Spiegel für die nüchterne Selbstreflexion und Selbsterkenntnis des Menschen. Wer nach einer nächtlichen Schandtat morgens nicht mehr in den Spiegel schauen kann, der weiß, dass er den Weg des Guten und damit den Weg der Tugend verlassen hat. Wer sich dagegen ungeschminkt im Spiegel betrachten kann, der kennt seine schönen, aber auch seine hässlichen Seiten. Vermutlich wird er auch daran arbeiten, dass sich sein äußeres Erscheinungsbild durch Gesichtspflege und Schminke ändert – freilich immer mit dem Wissen, dass so mancher Makel bleiben wird und sich nicht verdecken lässt. Der Kluge ist weder blind noch sieht er weg. Der Kluge schaut der Wahrheit ins Gesicht. So sieht der Kluge das, was eigentlich vor sich geht. Er kann entlarven. Sein Ziel ist es, die Zusammenhänge, die Tiefen zu erkennen, das Vordergründige auf das Eigentliche, auf das Hintergründige hin zu durchschauen. Der Kluge findet so zur nüchternen Klarheit, weil er nichts beschönigen will. So verstanden hat Klugheit zutiefst mit Demut zu tun, »humilitas« im Lateinischen.

Impulsfragen

> Lasse ich mich und meine Entscheidungen und Einstellungen »hinter-fragen«?
> Wer darf mir einen Spiegel vorhalten und mir ungeschminkt die Wahrheit sagen?
> Nehme ich mir hin und wieder Zeit, über getroffene Entscheidungen und eingeschlagene Wege nachzudenken?
> Leitet mich dabei jemand an oder begleitet mich?

Der Kluge bleibt bodenständig

In »humilitas« steckt das Wörtchen »humus« – »Boden«. Der demütige Mensch ist ein bodenständiger Mensch, realitätsnah und erdverbunden. Er weiß, dass er Mensch ist, wie es der hebräische Name

»Adam« – »vom Erdboden genommen« zum Ausdruck bringt. Der Demütige ist sich seines Menschseins bewusst. Er braucht nicht Gott, nicht fehlerfrei und perfekt zu sein. Er darf Mensch sein. In dieser entlastenden Selbsterkenntnis wird der Demütige zum klugen Menschen, weil er seine Stärken und Schwächen erkennt und annehmen kann. »Humilitas« – »Demut« zeigt sich dann als Humor, wenn wir eigene und fremde Originalität im Spiegel der Menschlichkeit mit einem Lächeln ertragen und gelegentlich nur so auch ertragen können.

Impulsfragen

Wo ist meine Erdnähe?
Wo erfahre ich Erdverbundenheit und Bodenhaftung?

Der Kluge
lernt aus Fehlern

Klugheit bedeutet somit auch, Fehler machen zu können und daraus zu lernen. Freilich heißt das nicht, dass man, um klug zu werden, alle Fehler erst einmal machen sollte. Daher verlässt sich der Kluge nicht nur auf seine eigenen Einsichten, sondern auch auf die von anderen Menschen und Autoritäten, denen er vertrauen kann. Darauf verweist die Kunst, wenn sie der Klugheit ein Buch als Attribut in die Hand gibt. Das Buch erinnert an den gesammelten Erfahrungsschatz der Menschheit. Klugheit hat also etwas mit Gelehrsamkeit und Wissenschaft zu tun, die zur Weisheit führen können. Mithilfe des überlieferten Wissens untersucht die Klugheit die Wirklichkeit und erforscht sie genau. Sie will der Sache auf den Grund gehen. Die eigenen Ansichten und Einsichten werden mit dem überlieferten Erfahrungsschatz konfrontiert und reflektiert.

Impulsfragen

Aus welchem Erfahrungsschatz nährt sich mein Leben?

Welches Buch hat mich in meinem Leben am meisten beeinflusst oder mir geholfen?

Wann habe ich zum letzten Mal dieses Buch zur Hand genommen?

Weisheit ist die
Frucht der Klugheit

Studium und Lesen benötigen selbstredend Zeit und Ausdauer und können nicht ersetzt werden mit einem kurzen Abrufen von Informationen, beispielsweise im Internet. Freilich verleitet ein nur angelesenes Wissen dazu, durch die Weisheit der Alten nicht »selbst-klug«, sondern »alt-klug« zu werden. Daher ist die Klugheit im Zusammenhang mit der Weisheit zu sehen, wobei die Weisheit sich auf das Wissen bezieht, während die Klugheit stärker handlungsorientiert ist. Der lateinische Begriff für Weisheit »sapientia« leitet sich von »sapere« – »Geschmack finden« ab. Weisheit bedeutet also »In-etwas-Hineinschmecken« und nicht mehr davon los kommen, bleibenden Geschmack an einer Sache finden, für etwas Geschmack haben, Geschmack entwickeln. Daher galt im Mittelalter dann ein Mensch als weise, wenn ihm alle Dinge so schmecken, wie sie wirklich sind. Mit einer Art »Fast-food-Wochenendkurs«, bei dem ich zwar in vieles hineinschmecken kann und vielleicht auch an so manchem Geschmack finde, hat Weisheit zunächst nichts zu tun. Dem Weisen geht es weniger darum, etwas zu finden, was ihm schmeckt, als vielmehr darum, einen sensiblen Geschmacksnerv dafür zu entwickeln, wie die Dinge wirklich schmecken.

Wiederum geht es um das Erkennen, wie eine Sache beschaffen ist. Die Weisheit befähigt die Klugheit zum rechten Urteil und befähigt weiter, die Konsequenzen des Handelns zu erkennen und zu übernehmen. Das ist gemeint, wenn es in Friedrich Schillers Drama »Wilhelm Tell« heißt: »Der kluge Mann baut vor«, oder wenn am Ende der Bergpredigt festgestellt wird, dass der kluge Mann sein Haus auf Felsen baut, sodass ihm die Stürme nichts anhaben können (vgl. Matthäus 7,24–27). Der Kluge hat einen sicheren Plan, wie es die Etymologie des griechischen Wortes für Klugheit zum Ausdruck bringt.

Impulsfragen

Welche Zeit nehme ich mir zur Reflexion?
Welchen Ort suche ich mir für die Reflexion?
Habe ich mir eine feste Zeit in der Woche reserviert, in der ich nur lese bzw. studiere?

Der Kluge
ist vorausschauend

Das griechische Wort »phronesis« bezeichnet das kritische Denken. Der Verstand, der Plan, die Gesinnung, das Herz leiten sich ab von »phronein«, was urteilen, bei gesundem Verstand sein bedeutet. Der Kluge hat Verstand und kann daher die Dinge, die Lage richtig beurteilen. So betrachtet der Kluge eine Sache, einen Menschen von verschiedenen Perspektiven aus und gibt sich nicht mit einer Sichtweise zufrieden. Der Kluge ist im wahrsten Sinn des Wortes »vor-sichtig«. Das wird im Lateinischen deutlich. Dort leitet sich »prudentia« von »providus – vorsehend/vorausschauend« ab. Der Kluge ist also ein vorausschauender Mensch, einer, der sich vorzusehen pflegt, wie es das italienische Wort für »Vorsicht« – »prudenza« bis in unsere Zeit zum Ausdruck bringt. Er sieht, was auf ihn zukommt, und ist somit »vor-sichtig«. Aus diesem Grund wird die Klugheit mit einem zweigesichtigen Januskopf dargestellt. Der Kluge nimmt sowohl die Vergangenheit als auch die Zukunft in den Blick, lässt also den Perspektivenwechsel zu, um sich so der Gegenwart zu stellen. Woher kommen wir? Was ist unsere Tradition? Aber auch: Wohin gehen wir? Was kommt auf uns zu? Was ist unsere Vision? Dies sind entscheidende Fragen, die die

Klugheit immer wieder zu stellen weiß, um eine Antwort für die Gegenwart zu finden. Klugheit verlangt, seine Wurzeln anzuschauen. Sie verlangt aber ebenso eine realistische Sicht dessen, was alles in Zukunft kommen könnte.

> **Impulsfragen**
> Woher komme ich?
> Wo sind meine Wurzeln?
> Was hat mich geprägt?
> Wohin gehe ich?
> Was kommt auf mich zu?
> Was ist meine ganz persönliche Vision?

Der Klügere gibt nach

Daher bringt die Bibel die Klugheit mit der Wachsamkeit in Verbindung. Die klugen Jungfrauen planen in die Zukunft (vgl. Matthäus 25,1–13). Sie überlegen genau, was alles geschehen könnte, und nehmen daher genug Reserveöl mit, damit sie keinen Engpass erleben und dann »dumm dastünden«. Diesen Unterschied zur Dummheit bringt der feinsinnige Heinrich Heine im 18. Jahrhundert prägnant ins Wort, indem er feststellt: »Ein Kluger bemerkt alles – ein Dummer macht über alles eine Bemerkung.« Daher lässt sich der Kluge etwas sagen und kann nachgeben, wenn er eines Besseren belehrt wird. Genau das meint das Sprichwort »der Klügere gibt nach«. Der Dumme dagegen will immer recht haben.

Impulsfragen

Wo hole ich mir Rat?
Welche Autoritäten oder Vertrauenspersonen erkenne ich an und haben für mich eine besondere Bedeutung?

Fazit:
Zuerst denken, dann handeln

In diesem Zusammenhang zeigt sich ein unschätzbarer Vorteil, den die Klugheit gegenüber der Dummheit hat. Nach Kurt Tucholsky besteht er darin, »dass man sich dumm stellen kann. Das Gegenteil ist schon schwieriger«.

»Erst denken, dann handeln«, ist die Grundhaltung der Klugheit. Bestandsaufnahme, Analyse sowie Deutung und Entscheidung sind Grundschritte, die zur Klugheit führen. Konfuzius (551–479 v. Chr.)

nennt drei Wege, um klug zu werden: Zunächst das »Nachdenken«, das für ihn der edelste Weg ist. Dann kann der Mensch klug durch das »Nachahmen« werden, was Konfuzius am leichtesten erscheint. Schließlich kann die »Erfahrung« zur Klugheit führen. Das allerdings kann zum bittersten Weg werden. Diese drei Wege müssen immer wieder ineinandergreifen. Klug sein heißt daher, bei der Urteilsbildung alle menschlichen Erkenntniswege zu nutzen und in Einklang zu bringen, das heißt, zu sehen mit Herz, Gefühl, Sinnen, Erfahrung und Verstand. Der Kluge will der Sache auf den Grund gehen, sodass er durch das Verstehen Orientierung für sein Handeln erhält. Von daher scheint die an der Münchener Residenz angebrachte Inschrift für die Klugheit sehr passend: »Qua sidere qua siderite« – »Mit ihr (der Klugheit) als Leitstern, mit ihr als Magnetnadel«. Die Klugheit soll Orientierung und Richtung geben, kurzum sie soll uns Wegweisung sein.

Damit können wir abschließend zum Verhältnis der Klugheit zu den anderen Kardinaltugenden kommen.

Das Gute beziehungsweise das Richtige kann nur tun, wer die Wirklichkeit kennt. Daher ist die Klugheit Ursache, Wurzel, Gebärerin aller anderen Tugenden. Sie ist die Grundlage dafür, dass die übrigen Tugenden überhaupt Tugenden sind. Sie gibt ihnen Orientierung.

Die Klugheit selbst jedoch braucht aber auch die anderen drei Tugenden.

Die Gerechtigkeit hilft ihr, Menschen und Dinge richtig zu verstehen, ihnen im wahrsten Sinn des Wortes gerecht zu werden, indem die Verhältnisbestimmung geordnet wird.

Ebenso braucht die Klugheit Tapferkeit und Mut, weil es oft Angst macht, den Dingen, so wie sie sind, ins Auge zu schauen.

Schließlich benötigt sie das rechte Maß, weil ohne das Wissen über die Begrenztheit unseres Wissens, das, was wir verstanden haben, wieder dumm und töricht wird. Die Klugheit ist daher immer auch mit Verzicht verbunden, nämlich mit dem Verzicht, immer recht haben zu wollen!

DIE GERECHTIGKEIT: FAIRNESS UND BERECHENBARKEIT

Gerechtigkeit fordert Gleichgewicht zwischen Rechten und Pflichten

In der Kunst finden wir die Gerechtigkeit als allegorische Frauengestalt, deren Augen verbunden sind. In der einen Hand hält sie eine zweiarmige Waage und in der anderen ein Schwert. So ist sie vor zahlreichen Gerichtsgebäuden zu sehen und gilt daher als die bekannteste der vier Kardinaltugenden.

Die Waage bringt zum Ausdruck, dass die Gerechtigkeit Ausgleich und Gleichgewicht schaffen will zwischen Rechten und Pflichten, zwischen Ansprüchen und Leistungen, zwischen Freiheit und Verantwortung. Um diesen Ausgleich wirklich herbeiführen zu können, braucht die Gerechtigkeit Macht. Diesen Machtanspruch symbolisiert das Schwert, das die Gerechtigkeit meist in der rechten Hand hält, also in der starken, in der handelnden Hand. Gerechtigkeit ist somit stärker handlungsbezogen als die Klugheit.

Der französische Philosoph, Blaise Pascal, der im 17. Jahrhundert lebte, erläutert den Zusammenhang von Gerechtigkeit und Macht. Er schreibt:

> Die Gerechtigkeit ist ohnmächtig ohne die Macht; die Macht ist tyrannisch ohne die Gerechtigkeit. Die Gerechtigkeit erfährt viel Widerspruch, wenn sie keine Macht hat, weil es immer böse Menschen gibt. Die Macht wird angeklagt, wenn sie nicht gerecht ist. Man muss also die Gerechtigkeit und die Macht vereinigen, und dazu muss man bewirken, dass das mächtig sei, was gerecht ist, oder dass gerecht sei, was mächtig ist.

Daher ist auch verständlich, dass in der Kunst die Ungerechtigkeit die Waagschale der Gerechtigkeit nach unten zieht und so den gerechten Ausgleich verhindert. Die Ungerechtigkeit sucht den eigenen Vorteil und versucht, diesen mit allen Mitteln zu erlangen. Sie tut nicht recht, sondern ist im Gegenteil »linkisch«. Das findet auch im Umgangssprachlichen seinen Ausdruck, wenn wir resigniert über einen Menschen urteilen: Das war link von dir!

Der Gerechte benachteiligt niemanden

Die Gerechtigkeit dagegen sucht das Rechte und bleibt daher objektiv, ohne jemanden zu bevorzugen oder zu benachteiligen. Aus diesem Grund wird die allegorische Frauengestalt mit verbundenen Augen dargestellt. Sie kennt kein Ansehen der Person. Das Recht, das sie zuteilt, gilt allen gleich, unabhängig von Ansehen, Stand, Herkunft, Geistesrichtung oder Rasse. Auch für die Gerechtigkeit gibt es an der Münchener Residenz eine Inschrift: »supera simul et infera« – »das Höhere ebenso wie das Niedere«.

Im Deutschen bedeutet »gerecht« so viel wie »gerade, geradlinig, klar, einsichtig, übersichtlich, eine klare Richtung verfolgend«. Es geht also darum, mithilfe der Gerechtigkeit ein einsichtiges, ein klares, ein verständliches Urteil zu finden, das eine Richtung vorgibt und nicht willkürlich von Stimmungen und Neigungen abhängig ist. Gerechtigkeit will Orientierung geben, will Recht schaffen. So gehören Gerechtigkeit und Recht zur gleichen Wortfamilie.

Gerechtigkeit richtet auf und ordnet

Recht ist verwandt mit »richten, aufrichten, gerade richten« und bedeutet so viel wie »lenken, führen, herrschen, regieren«, wie es das lateinische Verb »regere« zum Ausdruck bringt. Wiederum begegnen sich Macht und Gerechtigkeit. Von »regere« leitet sich »regula – die Richtschnur« ab. Als Handwerkszeug dient sie für einen stabilen und sicheren Bau, der sich genau und exakt an einer konstruktiven Planung ausrichtet. Regeln wollen somit Hilfsinstrumente sein, die bei der Planung und beim Aufbau des Lebens Maß, Richtung und Stabilität vorgeben, sodass

menschliches Leben konstruktiv gelingt und nicht

wie eine windschiefe Bruchbude ständig vom Einsturz bedroht ist. Zur Gerechtigkeit und zum Recht gehören als ethischer Gestaltungsrahmen ungeschriebene und geschriebene Regeln wesentlich dazu, die helfen, Ordnung zu schaffen und sie zu bewahren oder wieder herzustellen.

Das lateinische Wort für Recht, »ius«, heißt ursprünglich »Brühe« und leitet sich von »iungere« – »rühren, verbinden, vermengen« ab. Es geht darum, das Recht und die konkrete Situation miteinander zu verbinden, um so Gerechtigkeit zu schaffen. Dazu braucht es die Gabe, etwas gut einschätzen zu können. Von »iustitia« leitet sich unser Lehnwort »justieren« – »genau einstellen« ab. Gerechtigkeit als Handwerkskunst meint somit Feinarbeit auf Millimeter und ist noch stärker handlungsbezogen als die Klugheit.

Zur Wortfamilie »Recht« gehört auch der »Rechen«. Wie die Richtschnur ist auch der Rechen ein Werkzeug. Er hilft bei der Garten- und Feldarbeit und schafft Ordnung. Mit seiner Hilfe wird verwildertes Land wieder bebaubar und nutzbar gemacht, indem Dornen, Unkraut und Wildwuchs beseitigt werden. Der Rechen schafft die Voraussetzung für Säen, Wachstum und Ernte. Im Blick auf diese ordnungsschaffende Funktion der Gerechtigkeit wird es nachvollziehbar, dass Gerechtigkeit in der Bibel eines der häufigsten Worte ist.

Impulsfragen

Erinnere ich mich an Menschen in meinem Leben,
die mit einem großen Sinn für Gerechtigkeit begabt
waren oder sind?
Was fasziniert mich an ihnen?
In welchen konkreten Situationen können sie Vorbild
für mich sein?
Welche Verantwortung beziehungsweise Macht habe
ich beruflich und privat?

Der Gerechte
will es zum Guten richten

Im Schöpfungsakt erschafft Gott aus dem Urchaos
des »Tohuwabohu« die Welt. Der Schöpfer richtet
alles so, dass es »gut« ist. Er schafft also eine gerechte
Ordnung. Dieses schöpferische Tun Gottes wird mit
der Tätigkeit eines Gärtners verglichen, der mit Liebe zum Detail einen Garten wohlüberlegt und in sich
geordnet anlegt. Die Sorge für dieses sein Werk ver-
traut Gott seinem Abbild, dem Menschen an. Gleichsam als Krone der Schöpfung soll dieser sich den
Garten zunutze machen, ohne dabei die göttliche
Ordnung zu zerstören. Freilich ist es der Mensch,
der diesem Auftrag nicht gerecht wird, indem er die
Schöpfungsordnung und damit die ursprüngliche

Gerechtigkeit zunichte macht. Und er handelt so, weil er sich nicht damit begnügt, nur Abbild Gottes zu sein. Er will selbst Herr der Schöpfung sein. Er will wie Gott sein. Damit wird der Mensch dem nicht gerecht, was er ist. Er wird ungerecht. Die Folge ist, dass er den Garten verlassen und in seiner selbst geschaffenen Ungerechtigkeit leben muss. So kommt es – im Bild gesprochen – immer dann zur Vertreibung aus dem Paradies, aus der gerechten und guten Schöpfungsordnung, wenn der Mensch sich gegen die von Gott eingerichtete Ordnung auflehnt und sich so aufs Neue in das Chaos von Sünde und Schuld verstrickt.

Freilich kennt die Bibel auch Menschen, die die Fehler wieder zum Guten richten wollen, die also die ursprüngliche Ordnung wieder herstellen wollen. Weil diese durch ihr Verhalten zum Gerechten, zum Schöpfer schlechthin gehören, bekommen sie den Ehrentitel »Gerechte«. So erinnern heute in Yad Vashem (Jerusalem) in der »Allee der Gerechten« Bäume an jene Menschen, die während des Holocaust Juden das Leben gerettet haben. Eine weitere Antriebskraft der Gerechtigkeit ist deshalb, Unordnung und Ungerechtigkeit im ursprünglichsten Sinn des Wortes zu richten, so wie eine Sache repariert oder gerichtet wird. Der Gerechte will es (wieder) recht machen. Dabei stößt der Mensch an seine Grenzen.

In der Bibel wird deshalb vom Gericht Gottes gesprochen, bei dem am Ende der Welt oder des Lebens die Schöpfung aufgerichtet im Sinn von geordnet wird, das heißt ihre ursprüngliche, vom Schöpfer gewollte Ordnung wieder erhält. Freilich wird in diesem Zusammenhang auch Rechenschaft gefordert.

Impulsfragen

Wem muss ich gerecht werden: Mir selbst? Welchen Menschen? Gott?

Wo muss ich in meinem Leben Ordnung schaffen? Lasse ich es zu, dass mich Freunde und Vertraute bisweilen »richten«, im Sinne von »zurecht-rücken« und »auf-richten«?

Kann ich zu meinen Grenzen stehen und damit auch die Grenzen anderer besser akzeptieren und ertragen?

Menschenwürde und Menschenrechte wurzeln in der Gerechtigkeit

Im Blick auf den biblischen Schöpfungsakt wird verständlich, dass auch das Postulat der Menschenwürde, die jedem Menschen zukommt, sowie die Menschenrechte in der Gerechtigkeit wurzeln. Jeder Mensch ist vorbehaltlos als »imago Dei«, als »Abbild Gottes« erschaffen. Der Schöpfer selbst bildet sich in jedem Menschen ab. Darin wurzelt die Würde des Menschen und leitet sich das Postulat allgemeingültiger Menschenrechte ab.

Einhergehend mit den eigenen Rechten gilt es, auch die des anderen Menschen anzuerkennen. Auf den Punkt bringt dies der Philosoph Immanuel Kant: »Wenn die Gerechtigkeit untergeht, so hat es keinen Wert mehr, dass Menschen auf Erden leben.« Auf der Ebene der Menschenwürde und der Menschenrechte meint Gerechtigkeit zunächst: »Jedem die gleiche Würde und die gleichen Grundrechte.«

Diese »Gleichheit an Würde« für alle Menschen bedeutet allerdings nicht Gleichmacherei. Vielmehr meint Gerechtigkeit, »jedem das Seine«, das ihm Entsprechende zu geben und so dem Gegenüber gerecht zu werden. Der alte lateinische Grundsatz »suum cuique« – »jedem das Seine« konkretisiert das Postulat der Menschenwürde und der Menschenrechte. Kinder brauchen zum Beispiel eine andere Zuwendung und Förderung als Erwachsene, und zu den Aufgaben der Allgemeinheit gehört es, öffentliche Einrichtungen behinderten- und altersgerecht einzurichten, um niemanden wegen seines Handicaps zu benachteiligen.

Gerechtigkeit fordert Chancengleichheit

Diese Forderung ist nötig, um weniger Begabten, die aber die gleiche Würde haben, gerecht zu werden. Der Sozialstaat mit seiner sozialen Marktwirtschaft oder dem Anspruch, Chancengleichheit herzustellen, ist daher nicht ein Luxusgut, sondern ein Produkt oder zumindest ein Postulat angewandter Gerechtigkeit. Dasselbe gilt im Hinblick auf den Einsatz für eine gerechte Weltordnung. Fairness umgesetzt in einem fairen Handel ist Forderung der Gerechtigkeit, um so einen gerechten Ausgleich zwischen ungleichen Partnern zu schaffen.

Impulsfragen

Wo gilt es, Ausgleiche herbeizuführen?
Blicke ich über den Tellerrand meines Lebens hinaus
und setze ich mich ein für Chancengleichheit?

Der Gerechte
handelt fair und ist berechenbar

Damit sind wir bei einem anderen Begriff, der heute häufig im Zusammenhang mit Gerechtigkeit verwendet wird: »Fairness«. Der Begriff geht auf das englische Wort »fair« zurück, das ursprünglich »schön« meint, woran der Titel des Musicals »My fair Lady« aus den 50er-Jahren des letzten Jahrhunderts erinnert. Wer sich beim Fußball dem »Fair Play« verpflichtet fühlt, der muss nicht gleich schönen Fußball spielen. Schön ist hier im Sinn von gut, von anständig gemeint. Wer beim Spiel fair ist, der hält sich an die Spielregeln und will den anderen nicht durch Fouls verletzen. Er zeigt damit seine innere Schönheit, die ihn zum Guten motiviert. Daher heißt »fair« auch: »anständig, ehrlich, gerecht, den Spielregeln entsprechend«. Fairness lässt sich somit mit akzeptierter Gerechtigkeit und Angemessenheit gleichsetzen. Der faire Mensch ist berechenbar, weil er sich an Regeln hält und nicht willkürlich handelt.

Auch »Berechenbarkeit«, abgeleitet vom Verb »rechnen«, gehört zur Wortfamilie »Gerechtigkeit/Recht« dazu. So fragen wir oft: Geht die Rechnung auf oder hat die Gleichung nicht berechenbare Unbekannte? Berechenbarkeit ist oft die Voraussetzung, dass man sich überhaupt auf einen anderen Menschen einlässt.

Der Gerechte
scheut keine Rechenschaft

Zur Gerechtigkeit gehört schließlich die »Rechenschaft«, also die Frage, ob und wie wir unserer Verantwortung gerecht geworden sind oder nicht. Um
diese Verantwortung analysieren zu können, ist es
hilfreich, die Gerechtigkeit in drei Grundformen
aufzuteilen, wie es Thomas von Aquin schon im 13.
Jahrhundert getan hat.

Gerechtigkeit zeigt sich zunächst als »ausgleichende
Gerechtigkeit« – »iustitia commutativa« – im Verhältnis einzelner Menschen untereinander. Der Kauf
von Lebensmitteln auf dem Markt, das Verhältnis
zwischen Käufer und Verkäufer ist dafür ein treffendes
Beispiel.

Daneben kennen wir aber auch die »zuteilende
Gerechtigkeit« – »iustitia distributiva« – im Verhältnis
der Gemeinschaft zum Einzelnen. So gibt beispielsweise der Staat der einzelnen Familie in Form von

Kindergeld einen Zuschuss, um so die Erziehungs-
arbeit zu unterstützen. Schließlich gibt es noch die
»gesetzliche Gerechtigkeit« – »iustitia legalis« – im
Verhältnis des einzelnen Menschen zur Gemeinschaft.
So hat jeder Bürger die Pflicht, seinen Verhältnissen
entsprechend Steuern zu zahlen, um dadurch den
Belangen des Allgemeinwohls wie Bildungseinrich-
tungen oder Straßenbau etc. gerecht zu werden.

Thomas von Aquin erinnert daran, dass Gerechtigkeit nicht nur heißt, das Seine einzufordern, sondern
dass Gerechtigkeit auch bedeutet, dem Wohl des
Ganzen gerecht zu werden. Zu den Rechten gehören
Pflichten, zum Anspruch die Schuldigkeit, zur Freiheit
die Verantwortung.

Gerechtigkeit fordert Ausgleich zwischen Individualismus und Kollektivismus

In diesem Zusammenhang zeigt sich wohl ein Grund-
problem unserer Zeit. Im Zuge der Individualisierung
kam es in den letzten Jahrzehnten zu einer Überbe-
tonung der Rechte des Einzelnen, sodass die damit
zusammenhängenden Pflichten oft aus dem Blickfeld
verschwanden. Wahlrecht als Gut der Freiheit be-

inhaltet auch die Verpflichtung des freien Bürgers, zur Wahl zu gehen. Erst dann wird er durch sein Votum seiner gesellschaftlichen Verantwortung gerecht. Recht und Pflicht gehören ebenso wie Freiheit und Verantwortung zusammen und sind zwei Seiten ein und derselben Medaille. Die Waagschale scheint ins Ungleichgewicht gekommen zu sein. Korrektur tut not entsprechend der Definition von Ambrosius von Mailand: »Gerechtigkeit gibt jedem das Seine, maßt sich nicht Fremdes an und setzt den eigenen Vorteil zurück, wo es gilt, das Wohl des Ganzen zu wahren.«

Freilich sind das hohe Ansprüche, die eines gesellschaftlichen Umdenkens bedürfen, da der Einzelne immer in Gefahr steht, selbstgerecht zu urteilen, ohne dabei das Wohl des anderen und das Allgemeinwohl im Blick zu haben. Freilich besteht auch die Gefahr, dass das Allgemeinwohl absolut gesetzt wird nach dem Motto: »Der Staat, die Partei ist alles und du bist nichts!« Ein so gearteter Kollektivismus, wie ihn das NS-Regime praktizierte, ist ebenso verwerflich wie ein purer Individualismus, der nur noch den eigenen Nutzen sieht. Eine ausgewogene rechtliche Ordnung kann dabei immer nur Rahmenbedingungen schaffen und Orientierung geben, sodass Gerechtigkeit nicht leidet oder gar

in ihr Gegenteil verkehrt wird. Selbstredend steht

auch jede gesetzliche Ordnung in der Gefahr, zum Legalismus zu verkommen, wenn Gesetze buchstabengetreu und gnadenlos als absolut geltend umgesetzt werden, ohne auf die Situation und auf die Menschen zu schauen, denen sie gerecht werden sollen. Die Spitze des Rechts ist die Spitze des Unrechts (»summum ius summa iniuria«) oder wie es im Sprichwort heißt: »Allzu gerecht, tut unrecht.«

Impulsfragen
Wo sind in meinen Lebensbereichen Rechte zu schützen und Pflichten zu fordern?
Wo stehe ich in der Verantwortung?

Gerechtigkeit und Barmherzigkeit gehören zusammen

Daher braucht die Gerechtigkeit die Liebe zum Korrektiv und Ausgleich. Der Verzicht auf Rache etwa – und auch Rache und Recht haben dieselbe Wortwurzel – führt zur Gnadengerechtigkeit, die letztlich aus der Liebe kommt. Das Erbarmen lässt Gnade vor Recht ergehen. Freilich muss sich dabei die Barmherzigkeit wiederum an der Gerechtigkeit orientieren und abwägen, wie weit sie gehen kann. Auch in diesem Zusammenhang gilt es, Extreme zu vermeiden. Sie zeigen sich dann, wenn aus Liebe alles möglich ist, was wiederum zu Unrecht und Ungerechtigkeit führt, denn: »Allzu gut ist liederlich.«

Gerechtigkeit und Barmherzigkeit müssen aufeinander bezogen werden, wie Thomas von Aquin treffend feststellt: »Weil Gerechtigkeit ohne Barmherzigkeit Grausamkeit und Barmherzigkeit ohne Gerechtigkeit die Mutter allen Chaos' ist, deshalb müssen beide miteinander verbunden werden.«

Diese notwendige Verwiesenheit zeigt sich schließlich im Verhältnis der Gerechtigkeit zu den anderen Kardinaltugenden. Zunächst braucht die Gerechtigkeit die Klugheit, denn ohne die nüchterne Einsicht in das Zustehende, kann keine Zuordnung von Rechten und Pflichten getroffen werden. Bei der Umsetzung bedarf es der Tapferkeit, um so das eigene und das fremde Recht zu verwirklichen. Dazu wiederum braucht es als Korrektiv das rechte Maß, weil sonst sowohl fremdes wie eigenes Recht ebenso unter- wie überschätzt werden kann.

Impulsfragen

> Habe ich einmal die Erfahrung gemacht, dass jemand mir gegenüber »Gnade vor Recht« ergehen ließ?
>
> Wenn ich mich an diese Situation erinnere, welche Gefühle oder Bilder stehen mir vor Augen?
>
> Wie fühlte ich mich: befreit, bloßgestellt oder doch ganz anders?
>
> Kann ich selbst »Gnade vor Recht« ergehen lassen?
>
> Wenn es mir schwerfällt, woran könnte es liegen?

DIE TAPFERKEIT: COURAGE UND MUT ZUM UNTERNEHMERTUM

Tapferkeit verteidigt das Gute

Die Tapferkeit hat als Attributtier den Löwen. Dieser gilt als furchtloses und majestätisches Tier. Die Tapferkeit will alle Macht, die sie hat, für das Gute einsetzen. Dabei hat sie keine Furcht vor Widerstand oder gerät in Panik, wenn sich ihr jemand entgegenstellt. Aus diesem Grund wird die Tapferkeit auch mit Bewaffnung abgebildet, bereit zum Kampf. Hier hat die griechische Wortbedeutung ihren Niederschlag gefunden.

»Andreia« leitet sich von »andros« – »Mann« ab. Die Tapferkeit verstanden als Mannhaftigkeit meint somit die Verteidigung des Guten, hatte doch bis in die Neuzeit hinein der Mann die Aufgabe der Verteidigung inne. In Zeiten der Gleichberechtigung von Mann und Frau sind uns freilich Begriffe wie »mannhaft« oder »Mannhaftigkeit« fremd geworden. Tapferkeit meint letztlich, dass die Entscheidung, sich für das Gute stark zu machen, nicht die Umsetzung, die Entschiedenheit scheut. Darum ist die Tapferkeit bewaffnet. Freilich ist sich der Tapfere dabei bewusst, dass er verwundbar und verletzlich ist. Voraussetzung für die Tapferkeit ist wie bei den anderen Kardinaltugenden auch die Demut. Im Wissen um die eigene Schwachheit und Gebrechlichkeit, im Eingeständnis der eigenen Schwächen zeigt sich ihre stärkste Stärke, weil eben der Tapfere auf der einen Seite sich zu schützen weiß, auf der anderen Seite nicht in Gefahr steht, übermütig zu werden. Falsche Furchtlosigkeit, Tollkühnheit, Verwegenheit, Vermessenheit, Ehrgeiz und Ruhmsucht haben ebenso wenig mit Tapferkeit zu tun wie Feigheit. Während die Tollkühnheit gar keine Gefahr fürchtet, fürchtet die Feigheit jede Gefahr. Das tapfere Schneiderlein im Märchen, das aller Welt zeigen will, wie tapfer es ist, ist eigentlich nur tollkühn und schlau. Aus dem Übermut heraus,

sieben Fliegen auf einen Streich erlegt zu haben,

beginnt es seine scheinbare Stärke mit einem Riesen zu messen und stürzt sich tollkühn in so manches Abenteuer. Freilich paaren sich beim Schneiderlein Cleverness und Glück und so endet es tatsächlich als König.

Der Tapfere
ist bereit, für das Gute Verwundungen hinzunehmen

Der Tapfere dagegen scheut nicht den ehrlichen Kampf und dies sogar unter Einsatz seines Lebens. Daher wird der Tapferkeit als weiteres Attribut eine zerbrochene Säule beigegeben. Diese Säule erinnert an die Geschichte des biblischen Simson, der über unmenschliche Kräfte verfügte und sie im Kampf gegen die feindlichen Philister einsetzte. Mit List und Tücke bekommt seine Geliebte Delila seine Schwachstelle heraus und verrät ihn. Simson wird von den Philistern gefangen gesetzt. Bei einem Fest nimmt Simson Rache, indem er die Mittelsäulen des Hauses zerbricht, sodass die Decke einstürzt und ihn zusammen mit seinen Feinden tötet (vgl. Richter 16).

Die Tapferkeit ist bereit, für das Gute Verwundungen hinzunehmen, ja im äußersten Fall für das Gute sein Leben zu geben. Verwundbarkeit gehört also dazu. Daher gilt die Tapferkeit als Tugend der Märtyrer, die bereit sind, für ihren Glauben in den Tod zu gehen. Das letzte Buch der Bibel, die Offenbarung des Johannes, verspricht in diesem Zusammenhang den verfolgten Christen: »Wer siegt, den werde ich zu einer Säule im Tempel meines Gottes machen, und er wird immer darin bleiben« (Offenbarung 3,12). Nicht nur die zerbrochene Säule ist somit Attribut der Tapferkeit, sondern auch die unzerbrochene. Unsere Sprache unterstreicht dies. Wenn wir einen Mitarbeiter als »Säule des Unternehmens« bezeichnen, dann kann man auf ihn bauen. Ihn wird auch nichts so schnell erschüttern, auch wenn es vielleicht so manche Erdbeben gibt. Die Säule steht für tragen, ertragen, standhalten, aushalten. Auf einer tragenden Säule kann man aufbauen, ohne Angst haben zu müssen, dass alles zusammenstürzt. Tapferkeit meint eben dieses Durchhalten für das Gute, meint, dass man sich wie ein Fels in der Brandung den Wogen des Meeres widersetzt, um der guten Sache willen.

Impulsfragen

Welche Personen spielen in meinem Leben eine »tragende Rolle«?
Wissen diese Menschen, dass sie mir wichtig sind?
Wo bin ich für andere eine Säule?

Tapferkeit
ist weniger Angriff als Standhalten

Tapferkeit ist somit zutiefst mit der Beständigkeit verwandt, ist das geduldige, mutige Ausharren und Durchhalten, das weder draufgängerisch und aggressiv ist, noch vorschnell aufgibt und resigniert. Tapferkeit zeigt sich im Alltag daher weniger im Angriff als vielmehr im Standhalten. Thomas von Aquin bezeichnet jene als tapfer, die der Traurigkeit und dem Verdruss widerstehen. Tapferkeit zeigt sich im Leben vor allem im Umgang mit Frustration, mit physischen und psychischen Lasten. Mit Tapferkeit bewältigen wir die gegenwärtigen Probleme und stellen uns ihnen, ohne dabei von der guten alten Zeit zu träumen und die Vergangenheit zu idealisieren. Auch hier sei auf die Inschrift verwiesen, die an der Münchener Residenz angebracht ist: »Diffractas longe remittit – Die gebrochenen (Wellen) wirft er (der Stein) weit zurück.« Der Tapfere hat Stand und Gewicht, weil er sich im Guten verwurzelt sieht. Dies verdeutlicht auch sehr schön die etymologische Beleuchtung des Wortes.

Impulsfragen
> Was muss ich tragen und ertragen?
> War ich schon einmal »Fels in der Brandung«?
> Wie ging es mir damit?

Der Tapfere ist verlässlich

Das deutsche Wort »tapfer« heißt so viel wie schwer, wichtig und gewichtig. Wenn etwas für mich Gewicht hat, dann bin ich bereit, mich dafür mit all meinen Kräften einzusetzen. Auch ist tapfer ursprünglich verwandt mit fest, gedrungen. Als tapfer wurden Dinge beschrieben, die sich nicht entzweien und auseinanderbringen lassen. Der Tapfere bleibt bei seiner Überzeugung und lässt sich nicht so leicht davon abbringen. Das unterstreicht auch die andere Bezeichnung für Tapferkeit, der Starkmut. Stark wird von starr abgeleitet und bedeutet so viel wie unbeugsam, nicht nachgeben, fest, kraftvoll. Mut dagegen meint Seele, Sinn, Geist, Gesinnung. Der Starkmütige hat eine unbeugsame Gesinnung und gibt nicht nach.

Im Lateinischen leitet sich »fortitudo« von »fortis« ab: stark, gesund, kräftig. Der Tapfere, so könnte man sagen, hat »gesunde« Einstellungen und nicht Ansichten, die »krank« machen. Dafür setzt er sich mit Kraft und Stärke ein.

Der Tapfere hat Mut, gegen den Strom zu schwimmen

Freilich kommt das Wort tapfer in unserer Alltagssprache nur noch selten vor. Vielleicht liegt es auch daran, dass Tapferkeit als rein militärische Tugend ausgelegt und in den beiden Weltkriegen missbraucht wurde. So loben wir heute nur noch beispielsweise ein Kind, das beim Zahnarzt gut durchgehalten hat: »Du warst aber tapfer!« Und manchmal ist in Traueranzeigen zu lesen, dass der Verstorbene tapfer die Leiden einer schweren Krankheit ertragen hat.

Die Wörter »Mut« und »mutig« dagegen sind nicht so vorbelastet und vielleicht deshalb gebräuchlicher, auch wenn artverwandte Tugenden wie Wagemut, Freimut, Gleichmut, Großmut, Wehmut und Langmut nicht mehr unseren Sprachschatz füllen. Ein Mensch wird als mutig bezeichnet, wenn er sich traut, gegen gängige Meinungen den Mund aufzumachen, oder wenn er sich traut, gegen den Strom zu schwimmen.

Allerdings zeigt sich heute eine neue Art von Feigheit, zum Beispiel indem wir der Angst nachgeben, gegen den allgemeinen Konformismus zu verstoßen, oder der Angst vor der stillen Drohung, was geschieht, wenn wir nicht »in« und modebewusst sind. Was tut man nicht alles, um nicht aufzufallen und um im Trend zu sein. Starkmut fordert daher auch in unseren Tagen Ichstärke, Charakterstärke, Treue zu sich selbst, Einsatztreue, letztlich Courage. Dieses Lehnwort aus dem Französischen meint »Beherztheit«, also ein zutiefst innerliches Angerührtsein.

Impulsfragen

Wo fällt es mir schwer oder leicht, »gegen den Strom
zu schwimmen«?

Habe ich Angst, »out« zu sein oder aufzufallen?
Wenn ja, in welchen Situationen taucht dieses
Gefühl besonders stark auf? Was kennzeichnet
diese Situationen?

In welchen Lebenslagen fühle ich mich »beherzt«?

Courage
ist gelebte Tapferkeit

Bert Brecht beschreibt in seinem Bühnenstück »Mutter Courage und ihre Kinder«, was Courage ist. Als im Dreißigjährigen Krieg, 1618 bis 1648, die katholischen Truppen auf die Stadt Halle marschieren, ergreift einzig und allein die taubstumme Tochter der Mutter Courage Initiative. Während die anderen Angst haben und sich feige zurückziehen, klettert sie auf das Dach eines Stalles und beginnt zu trommeln, sodass die Bürger der Stadt gewarnt werden. Unter Einsatz ihres Lebens zeigt sie Courage und ruft zum Widerstand.

Courage bedeutet also nicht, dass alle vorstürmen – wie Tapferkeit in der militärischen Erziehung oft verstanden wird –, sondern dass ein Einzelner, aus der Masse, nicht anders kann, als sich mit all seinen Kräften, aber auch Ängsten für das Gute einzusetzen. Courage ist somit immer dann gefragt, wenn die Unterstützung mangelhaft, der Erfolg zweifelhaft, das Prestige ungewiss und das Image gefährdet ist.

Hier wird auch deutlich, was negative Folgen falsch verstandener Tapferkeit sind wie nicht hinterfragter Kameradschaftsgeist, Anpassungszwang, Angst vor Blamage, Angst vor dem Chef, Angst gegen die Etikette zu verstoßen. In diesem Zusammenhang veranlasst uns gerade das Fernsehen einerseits wegzusehen und andererseits geradezu voyeuristisch hinzusehen auf Vorfälle, wie sie im Alltag geschehen und in die wir uns eigentlich ganz konkret einmischen sollten. Zivilcourage ist dann der Mut, in der Öffentlichkeit dem Unrecht an einem Menschen – trotz eigener Gefährdung – entgegenzutreten.

Impulsfragen
Vor wem - wor was habe ich Angst?
Wie gehe ich damit um?

Von der Entscheidung zur Entschiedenheit

Zunächst braucht es dazu die Erkenntnis: »Irgendetwas stimmt hier nicht!«, also die realistische Sicht auf die Dinge, die Klugheit. Dann gilt es, die Situation richtig zu interpretieren. Es braucht Gerechtigkeit: Ein Mensch braucht Hilfe! Dann müssen die geeigneten Hilfsmittel ausgewählt werden: Was ist zu tun? Schließlich gilt es, sich zur helfenden Tat endgültig zu entscheiden und die Hilfsaktion mit Entschiedenheit durchzuführen. Die zentrale Frage, die zur Zivilcourage motiviert, lautet letztlich: Kann ich mit dieser Schuld, jetzt nicht geholfen zu haben, weiterleben? Courage ist damit zutiefst gelebte Tapferkeit. Es gilt, sich zu entscheiden, ob zu etwas bedingungslos Ja oder zu etwas bedingungslos Nein gesagt wird. In Überzeugungskonflikten kann es keine Kompromisse geben. Diese Entscheidung gilt es, durchzuhalten und auch die damit gegebenen Belastungen auszuhalten. Eine Entscheidung fordert Entschiedenheit.

Impulsfragen

Wo muss ich Entscheidungen durchtragen, obwohl ich Nachteile in Kauf nehmen muss?
Wo ist Entschiedenheit gefordert?

Der Mutige
setzt mit kalkuliertem Risiko
das Gute durch

Freilich kann es auch Ausdruck von Tapferkeit sein, wenn ich den Mut habe, mich nach besserer Einsicht, zu der mich die Klugheit geführt hat, anders zu entscheiden und mich zu verändern. Auch Anpassungsvermögen kann Ausdruck von Tapferkeit sein, wenn die Anpassung nicht zum Beispiel aus Konformismus oder Angst geschieht. So kann es mutig sein, eine Überzeugung zu revidieren.

Tapferkeit zeigt sich somit als Mut zur Umsetzung, letztlich im Unternehmertum für das Gute, was immer auch Risiko bedeuten kann. Um dieses eingehen zu können, bedarf es der Ergänzung durch die anderen Kardinaltugenden.

Die Tapferkeit muss von der Klugheit informiert sein, sonst stürzt sie sich im Bilde gesprochen unnütz in die Schlacht und zieht sich selbstverschuldet Verwundungen zu.

Wenn die Tapferkeit nicht der Gerechtigkeit dient, dann ist sie zerstörerisch und willkürlich. Schließlich muss der Mut durch das rechte Maß korrigiert werden, um nicht in Hochmut, Übermut oder Tollkühnheit zu enden.

Impulsfragen

Wo habe ich Mut zum berechenbaren Risiko?

Wo ist meine Courage gefragt?

DAS MASS: BALANCE BEIM EINSATZ DER KRÄFTE

Das Maß
sucht das richtige Mischungsverhältnis
der Kräfte

In Bayern ist »die Mass« ein Flüssigkeitsmaß für einen Liter Bier. Das Maß ist zunächst eine Maßeinheit. Deshalb wird die vierte der Kardinaltugenden in der Kunst häufig als Frauengestalt mit zwei Krügen dargestellt, mit denen sie Wasser und Wein mischt, also Alltag und Fest verbindet. Das richtige Mischungsverhältnis soll mithilfe des Maßes hergestellt werden, wie es die Etymologie des lateinischen Begriffs »temperantia« verdeutlicht. »Temperamentum« meint das richtige Verhältnis gemischter Dinge, die gehörige Mischung. Das dazugehörige Verb »temperare« bedeutet, »etwas für den Gebrauch herrichten, etwas in das richtige Mischungsverhältnis zu bringen«. Ein gut temperiertes Zimmer ist weder überheizt noch unterkühlt. Ein wohltemperiertes Klavier ist Voraussetzung für ein erfolgreiches Konzert und das Temperament eines Menschen bezeichnet die Zusammensetzung seines Charakters. Das Maß sucht das ideale Mischungsverhältnis der menschlichen Kräfte, um sie bei der Verwirklichung des Guten richtig einzusetzen, damit sie sich ergänzen und bestärken. Das kann von Situation zu Situation variieren.

Das rechte Maß
ist stets neu zu bestimmen

Das rechte Maß muss immer wieder neu gefunden und bestimmt werden, wie der Dramatiker George Bernard Shaw humorvoll feststellt: »Der einzige Mensch, der sich vernünftig benimmt, ist mein Schneider. Er nimmt jedes Mal neu Maß, wenn er mich trifft, während alle anderen immer die alten

Maßstäbe anlegen in der Meinung, sie passten auch heute noch.«

Das konkrete Maßnehmen, also die »Maß-Nahme« im wörtlichen Sinn führt dann zu den entsprechenden »Maßnahmen«. So wird einer gemaßregelt, wenn er das Maß überschreitet. Von einer Anmaßung sprechen wir dann, wenn einer etwas an sich zieht, was ihm nicht zusteht oder nicht passt. Er wird wieder neu in seine Grenzen verwiesen. Wenn diese immer wieder unrechtmäßig überschritten werden, dann stellen wir fest, dass das Maß voll ist. Das Fass droht überzulaufen, der Konflikt ist kurz vor der Eskalation, gerade dann, wenn einen etwas maßlos ärgert.

Impulsfragen

Nehme ich bei Begegnungen mit Menschen (auch mit alten Bekannten und Vertrauten) immer wieder neu Maß?

Haben diese Menschen in meiner Wahrnehmung eine Chance, in einem neuen Licht zu erscheinen?

Der Maßvolle
meidet jegliche Extreme

Aufgabe des Maßes ist es, schädliche Extreme und ungesunde Übertreibungen zu vermeiden. Daher zeigen viele künstlerische Darstellungen die allegorische Frauengestalt der vierten Kardinaltugend mit Fackel und Krug, also mit Feuer und Wasser. Als gegensätzliche Elemente sind beide im Extremen wie Brand oder Flut lebensbedrohlich. Zugleich sind Feuer und Wasser für den Menschen lebensnotwendig. Daher gilt es, den maßvollen Umgang mit ihnen einzuüben und zu lernen, sie zu bändigen und zu zügeln. Aus diesem Grund finden sich als weitere Attribute Peitsche und Zügel, Werkzeuge, die helfen, Kräfte zu bündeln und anzuspornen.

Impulsfragen
Wie setze ich meine Kräfte richtig ein?
Wie gehe ich mit Extrempositionen um?

Maß zeigt sich
in Mäßigung und im Maßhalten

Im Deutschen wird die »temperantia« daher nicht nur mit »Maß«, sondern auch mit »Zucht« übersetzt. Von Zucht leiten sich »ziehen, erziehen, aufziehen, züchten, züchtigen« ab. Bis ins 16. Jahrhundert wurden Erziehungsanstalten als Zuchthäuser bezeichnet, ein Begriff, der erst später im Sprachgebrauch für Gefängnisse verwendet wurde. Erziehung könnte man mit dem Weinbau vergleichen. Um die jungen Triebe zu kräftigen, werden Nebentriebe abgeschnitten. Ein Drahtgeflecht soll helfen, ihnen die richtige Richtung zu geben. Es geht der Zucht also darum, bewusst zu steuern und zu entwickeln, um sich nicht willkürlich von den Kräften treiben zu lassen. Das bringt die griechische Wortbedeutung von »sophrosyné« zum Ausdruck.

»Sophroneo« meint zunächst: gesunder Seele, gesunden Sinnes, gesunden Geistes sein, bei Verstand sein, besonnen, klug, vernünftig urteilen. »Sophrosyné« bezeichnet somit die Besonnenheit, die Bescheidenheit, die Mäßigung, die Anspruchslosigkeit, die Enthaltsamkeit.

Die Tugend des Maßhaltens befähigt, vernünftig und besonnen eigene Wünsche und Triebe in ausgeglichener Weise und im rechten Verhältnis zu befriedigen. Es geschieht nichts zufällig oder nach Laune, sondern geplant und gesteuert. »Temperato ponderibus motu – Mit einer durch die Gewichte maßvoll geregelten Bewegung« lautet dementsprechend die Inschrift an der Münchener Residenz für diese Kardinaltugend. Dem Maß geht es um den richtigen Einsatz der Kräfte, letztlich um Steuerung, Selbstbeherrschung, Selbstkontrolle, Ordnung, Gleichgewicht und Harmonie.

Impulsfragen

> Wo erlebe ich in meinem Alltag die Harmonie des rechten Maßes?
> In welchen Momenten und Situationen erlebe ich mich im Gleichgewicht, in Harmonie, in Ordnung?

Feinde des Maßes sind Maßlosigkeit und Habgier

Das Gegenteil von Maß ist Maßlosigkeit. Sie zeigt sich oft genug in Ruhelosigkeit, Nervosität, schamloser Neugierde und Schrankenlosigkeit. Ihre Antriebsfeder ist die Unzufriedenheit mit dem, was ist oder was nicht erreicht wurde. Die Maßlosigkeit fordert heraus, immer mehr, immer schöner, immer extremer zu sein, sodass man sich mit dem Erlangten nicht mehr zufriedengibt, sondern ständig neuen Abenteuern nachläuft. Maßlosigkeit will immer schnelleres Wachstum, ohne dabei zu bedenken, dass Wachstum Zeit braucht. Maßlosigkeit drängt ständig nach dem Superlativ und zeigt sich folglich in Habgier (so viel wie möglich), Korruption (alles ist möglich) und Geltungssucht (so wichtig wie möglich). So kommt es, dass Maßlose nur noch den eigenen Vorteil kennen und das soziale Umfeld völlig aus dem Blick verlieren. Mit der Zeit stumpfen durch gelebte Maßlosigkeit die Sinne ab. Das Feingefühl, die nötige Sensibilität gehen verloren. Wer zum Beispiel jeden Tag im Übermaß Wein konsumiert, wird ihn einerseits bald nicht mehr als besonderes Getränk schätzen können, andererseits wird er auch nicht darauf verzichten wollen, weil er zu seinem Lebensstil schon fest dazugehört.

Folge von Maßlosigkeit sind daher häufig Abhängigkeit und Sucht, sodass der Mensch nicht mehr sich selbst bestimmt, sondern fremdbestimmt wird. Maßlosigkeit, Unzufriedenheit und Unfreiheit gehören somit zusammen. Der Maßlose ist in sich gefangen, wie Eugen Roth treffend humorvoll feststellt:

Ein Mensch, der manches liebe Jahr
zufrieden mit dem Dasein war,
kriegt eines Tages einen Koller
und möchte alles wirkungsvoller.
Auf einmal ist kein Mann ihm klug,
ist keine Frau ihm schön genug.
Die Träume sollten kühner sein,
die Bäume sollten grüner sein,
schal dünkt ihn jede Liebeswonne,
fahl scheint ihm schließlich selbst die Sonne.
Jedoch die Welt sich ihm verweigert,
je mehr er seine Wünsche steigert.
Er gibt nicht nach und er rumort,
bis er die Daseinsschicht durchbohrt.
Da ist es endlich ihm geglückt -
doch seitdem ist der Mensch verrückt.

Selbstbeherrschung und Autonomie durch Zucht und Maß

Um derartige Entgleisungen zu vermeiden, ist Erziehung, Kontrolle und Steuerung des Menschen mit seinen Antriebskräften und Trieben notwendig.

Im Unterschied zum Tier kann und muss der Mensch seine Triebe mit Vernunft und Willen lenken. Ihm fehlt die Triebhemmung, sodass er frei ist und selbst entscheiden kann, ob er seinen Trieben nachgibt oder nicht. Um in dieser Freiheit nicht abhängig zu werden, gilt es, die Triebe zu steuern und zu kultivieren. Selbstbeherrschung statt Fremdbeherrschung, Autonomie statt Heteronomie ist Ziel der Triebsteuerung durch Zucht und Maß. Das meint weder Prüderie noch Verkrampfung, sondern die Pflege der eigenen Person, beispielsweise durch Mäßigung beim Essen und Trinken, durch Kontrolle der sexuellen Begierden, durch Maßhalten im Umgang mit materiellen Gütern oder durch Beherrschung im Zorn. Dazu braucht es wiederum – wie bei den anderen Tugenden – Übung und Training.

Impulsfragen

Welche »Maß-Stäbe« leiten mein Handeln?

Wo empfinde ich mich oder andere mich als
ruhelos, unzufrieden und nervös?

Wie erlebe ich mich in diesen Momenten?

Wie erleben andere mich?

Wo sehe ich Auswege aus solchen »maß-losen«
Situationen?

Maß als Balance
zwischen dem Zuviel und dem Zuwenig

»Askese«, abgeleitet vom griechischen Wort »askein«,
das nichts anderes als »üben« bedeutet, umschreibt
diesen immer wiederkehrenden Lernprozess. Dabei
will die Tugend des rechten Maßes eine emotionale
Ausgeglichenheit herstellen, eine Balance, die auf der
einen Seite schädliche Exzesse vermeidet und auf
der anderen Seite echten Genuss ermöglicht. So führt
zum Beispiel Maßhalten im Umgang mit materiellen
Gütern (Konsumaskese) dazu, dass ein Mensch einerseits spürt, dass er zu seinem Glück nicht alles
braucht, was der Markt zu bieten hat. Im Verzicht
wird er frei. Mit einer heiteren Gelassenheit wird er
die Schaufenster betrachten können, ohne eine Gier
des »Besitzen-Wollens« zu verspüren.

92

Andererseits wird er sich aber auch ganz anders an den Dingen freuen können, die er sich gegönnt oder erworben hat. Fasten, Abstinenz und Askese können so gerade in einer Konsumgesellschaft, in der alles möglich zu sein scheint, helfen, echtes Genießen neu einzuüben. Wenn ich in der Fastenzeit auf Fleischgenuss verzichte, dann werde ich den Lammbraten an Ostern mit neu geweckten Sinnen verspeisen.

Freilich steht die Mäßigung bei dem, der im Übermaß konsumiert, nicht hoch im Kurs. Tatsächlich erreichen wir jedoch erst im Verzicht ein Maximum an Gewinn und innerer Freiheit. So werde ich eben nicht Opfer meiner Unmäßigkeit und Maßlosigkeit, sondern Gestalter meiner Freiheit. Das Maß zeigt sich in der Balance zwischen dem Zuviel und Zuwenig. Diese richtige Balance findet sich etwa in der Tugend der Freigebigkeit zwischen Verschwendung und Geiz, in der Tugend der Hochherzigkeit zwischen Großtuerei und Engherzigkeit, im Hochsinn zwischen Aufgeblasenheit und niederem Sinn und schließlich in der Wahrhaftigkeit zwischen Prahlerei und Ironie.

Der Maßvolle
kennt seine Grenzen

Das Maß sucht die heilsame Grenze, die jeder Einzelne für sich, aber auch eine Gesellschaft als Ganzes
bestimmen muss. Maßvoll sein bedeutet also, seine
Grenzen zu erkennen, sich Grenzen zu setzen und
diese einzuhalten.

Der Unmäßige wird immer wieder an seine Grenzen stoßen, bis zur letzten Grenze unseres Lebens,
dem Tod. Nicht die Leugnung und Verdrängung des
Todes, wie dies in unserer Gesellschaft häufig geschieht, sondern die Annahme desselben als menschliche Wirklichkeit wurde daher als »ars moriendi« – als
»Kunst des Sterbens« beschrieben. In der Annahme
der eigenen Grenzen, ja in der Akzeptanz der eigenen
Begrenzung öffnet die Tugend des Maßes schließlich
den Menschen für das Grenzenlose, für das Maßlose,
für das Ewige, für Gott.

Impulsfragen

> Welche Gedanken und Empfindungen bewegen
> mich, wenn ich an meinen Tod oder an den Tod von
> geliebten Menschen in meiner unmittelbaren
> Umgebung denke?
> Wie gehe ich mit meinen eigenen Begrenzungen
> um?

Maß als Antriebskraft, im rechten Moment das Richtige zu tun

Im Verhältnis zu den anderen Kardinaltugenden ist das Maß die Antriebskraft, im rechten Moment die Kraft einzusetzen. Diese Tugend will dazu verhelfen, dass die einzelnen Tugenden besser zusammenwirken und sich nicht gegenseitig behindern. Während die anderen Tugenden stärker nach außen orientiert sind, stellt die vierte Kardinaltugend die innere Ordnung eines Menschen her. Erst dann, wenn diese stimmig ist, kann er auch das Gute außen erkennen, ihm gerecht werden und es verwirklichen.

BENEDIKTINISCHER AUSBLICK: GLAUBE, HOFFNUNG, LIEBE

Mit den eigenen Grenzen leben lernen

»Kosmetik ist die Kunst, aus der Not eine Jugend zu machen«, so die humorvolle Bemerkung einer Kosmetikfachfrau. Dieses Bonmot deutet an, dass die Tugendlehre einiges mit Humor zu tun hat. Im Streben nach dem Guten, Wahren und Schönen stößt der Mensch an seine Grenzen ähnlich wie beim Älterwerden, wenn die Begrenztheit der eigenen Jugend spürbar wird. Mit den eigenen Grenzen gilt es umgehen zu lernen, sie gleichsam mit einem Lächeln anzunehmen. Gerade auch dabei kann die Tugendlehre helfen, die weder ein Absolutum darstellen noch ein perfektes System liefern will. Sie bleibt immer ein Anfang, ein Versuch mit Höhen und Tiefen, zu denen auch die Fehler gehören. Die Tugenden wollen den Menschen ermuntern, trotz aller Begrenztheit und Fehlerhaftigkeit nicht aufzugeben.

Dieser ermutigende Ansatz findet sich auch in der »Regel Benedikts« (im Folgenden abgekürzt mit RB). Im letzten Kapitel, gleichsam im Epilog, erläutert der Mönchsvater, dass die Regel einen Anfang im klösterlichen Leben darstellt, um mit ihrer Hilfe zu höheren Tugenden gelangen zu können (vgl. RB 73). Benedikt ist sich bewusst, dass dieser Anfang kein leichtes Unterfangen darstellt. Am Anfang kann dieser Weg nur eng und beschwerlich sein und man wird fast automatisch an seine Grenzen stoßen. Doch deswegen sollte der Mönch diesen Weg des Heils nicht aufgeben und verlassen (vgl. RB Prolog 48 ff.). So ermutigt Benedikt zum Weitergehen Schritt für Schritt! Mit der Zeit, so die Gewissheit des Mönchsvaters, weitet sich dabei das Herz. Er ist überzeugt davon, dass sich auf dem Weg der Tugend neue, ungeahnte Lebensperspektiven eröffnen werden.

Gelassen die Wirklichkeit sehen, ohne das Ideal aus den Augen zu verlieren

Freilich ist sich Benedikt auch bewusst, dass es auf der Suche nach dem Guten und Richtigen keine Patentrezepte gibt. Der Mönch bleibt Mensch mit seinen Stärken und Schwächen, mit seinen guten und schlechten Seiten. Es ist daher äußerst sympathisch und ermutigend, dass die Regel Benedikts nicht nur das Ideal beschreibt, wie die Mönche sein sollten, sondern auch die Wirklichkeit im Blick behält, wie der Mensch ist – gerade auch mit all seinen Mängeln und Missständen. In der Regel wird dazu die Formulierung »quod absit« – »was ferne sei« verwendet. So kann es zum Beispiel in einem Kloster vorkommen, dass die ganze Gemeinschaft am Morgen verschläft oder dass die Mitbrüder einen Unwürdigen zum Abt wählen: Was ferne sei! Aber so etwas kann vorkommen, damals wie heute. Benedikt benennt die Missstände und versucht sie zu regeln, sodass sie nicht zur Resignation führen können.

Auch in unserem Leben werden uns bei allem guten Streben immer wieder Zustände und Dinge begegnen, die nicht ideal sind. Dann gilt es, nicht zu verzweifeln, sondern letztlich diese menschliche Begrenztheit anzunehmen. Dabei ist der Humor eine hilfreiche Grundhaltung. Etymologisch ist das Wort »Humor« mit dem lateinischen »humilitas« – »Demut« verwandt. In diesem lateinischen Begriff steckt ja das Wörtchen »humus«, der Boden. Ein humorvoller Mensch ist ein demütiger und bodenständiger Mensch, weil er die Realität kennt, also mit beiden Beinen auf dem Boden der Wirklichkeit steht. Ihn kann so schnell nichts erschüttern, sondern er weiß seine und andere Schwächen mit einem Lächeln anzunehmen und zu ertragen.

Durch Humor
zur wahren Menschlichkeit finden

Der heilige Benedikt beschreibt im 7. Kapitel über die Demut diese Bodenständigkeit. Die erste Stufe zur Demut ist für ihn die »timor Dei« – die »Furcht Gottes«. Damit ist nicht gemeint, dass der Mensch vor Gott Angst haben müsste, sodass sein Leben eng und bedrückend wird. »Timor« meint vielmehr Ehrfurcht: Der Mensch sollte Gott ehrfürchtig anerkennen als den, der er ist. Wenn ich Gott als dem Absoluten, als dem Allmächtigen, als dem Guten schlechthin einen Platz in meinem Leben einräume, dann hat dies entlastende Funktion für mein Leben und mein Menschenbild. In allem Streben nach dem Guten und Richtigen ist und braucht der Mensch nicht Gott zu sein. Er soll Mensch bleiben in all seiner Schönheit, aber auch in seiner Begrenztheit. Manche Dinge werden ihm gut oder gar sehr gut gelingen, sodass er Erfolg hat, indem er seine Talente, Fähigkeiten und Begabungen einsetzt und wuchern lässt. Aber ebenso wird der Mensch immer wieder auch Fehler machen, sodass er feststellen muss, er ist eben nicht Gott. So wird verständlich, dass die Ursünde des Menschen der Stolz, »das Seinwollen wie Gott« ist. Letztlich ist so falsch verstandener Stolz ein Mangel an Ehrfurcht und Bodenständigkeit. Ich bilde mir aufgrund meiner Erfolge ein, etwas Besseres zu sein als die anderen, mutiere vielleicht sogar schon zum Halbgott. Narzissmus und Arroganz, Egozentrik und Egoismus können Früchte einer solchen Haltung sein, die einen für andere ungenießbar machen. Ebenso kann falsch verstandener Stolz zu unmenschlichem Perfektionismus führen, der letztlich in eine grenzenlose Überforderung mündet.

Der demütige Mensch dagegen steht mit beiden Füßen auf dem Boden der Realität. Im Glauben und Wissen um den Allmächtigen ist sich der Demütige bewusst, dass er nicht absolut und perfekt sein muss und sein kann. Der Demütige kann über sich selbst herzhaft lachen, weil er davon überzeugt ist, dass

Gott auch auf den krummen Zeilen seines Lebens gerade schreibt. Humor bedeutet somit letztlich, menschliche Begrenztheit und Fehlerhaftigkeit mit einem Lächeln anzunehmen und dadurch zur wahren Menschlichkeit zu finden. Dazu gehört wesentlich die Erfahrung des Scheiterns.

In Krisen bodenständig bleiben

Es ist tröstlich, dass uns dies auch vom heiligen Benedikt überliefert ist. Sein Hagiograf, Papst Gregor der Große (540–604), beschreibt den Lebensweg des großen Mönchsvaters. Es ist ein Weg, der von der Tiefe hinauf zur Höhe führt, von der Einsiedlerhöhle in Subiaco auf den Gipfel des Berges Monte Cassino. Es ist letztlich der Weg, den die Tugendlehre beschreibt, der nicht einem linearen Aufstieg gleicht, sondern durch Krisen und Scheitern geprägt ist. So wird berichtet, dass der junge Benedikt von seiner Familie zum Studium in die Stadt Rom geschickt wird, um sich dort für die öffentliche Laufbahn zu qualifizieren. Er lernt Rom kennen im Übergang von der Antike zum Mittelalter. Die Stadt, die äußerlich
durch die Horden der Völkerwanderungen immer

wieder zerstört wird, ist ebenso innerlich vom Zerfall der Sitten geprägt. Doch der junge Idealist will nicht den Lastern seiner Zeit erliegen. Deswegen gibt er sein Studium auf und flieht aus Rom, um in der Einsamkeit einer Höhle Gott zu suchen. Ein ungeheuerlicher Vorgang, wenn man sich in seine Eltern hineinversetzt, deren Zukunftspläne durch die »Spinnerei« eines jugendlichen Aussteigers durchkreuzt werden. Doch der junge Benedikt ist auf der Suche nach dem Ideal. Er will, so heißt es, frei sein für Gott. So geht er in die Bergeinsamkeit südöstlich von Rom nach Subiaco. Dort zieht er sich für drei Jahre in eine Höhle zurück. Die Höhle wird zum Symbol der Grundlagenforschung in der Tiefe. Sie ist Ort der Sammlung, in deren Geschlossenheit eine Flucht vor sich selbst nicht mehr möglich ist. Durch die Rückkehr in den Mutterschoß der Erde wird sie zum Ort des »Auf-sich-selbst-Geworfen-Seins«. In der Tiefe der Höhle geht Benedikt an die Wurzeln und sucht die Quellen. Er reflektiert, reift in der Klugheit. Drei Jahre verbringt Benedikt in der Höhle. Drei ist die Zahl der Fülle. Benedikt erlebt also eine erfüllte Zeit der Sammlung. Die topografischen Bemerkungen, mit denen Papst Gregor die Gegend von Subiaco (wörtlich: »sub lacum« – »unterhalb des Sees«) beschreibt, bringen den inneren Sammlungsprozess des jungen Mannes zum Ausdruck. Es heißt: »Dort entspringt eine starke Quelle mit frischem klarem Wasser. Es sammelt sich in einem weiten See und wird dann zu einem Fluss.« Benedikt wird in der Höhle von den Quellen, das heißt von den monastischen Idealen gespeist. Im inneren Reifungsprozess kann etwas Neues entstehen, ein Fluss, der zur Lebensader für viele werden wird. Daher kann Benedikt nicht im Verborgenen bleiben. Er wird in der Gegend bekannt. Aufgrund seines tugendsamen Vorbildes und seiner beispielhaften Lebensweise, so Papst Gregor, wählen ihn die Mönche eines benachbarten Klosters in Vicovaro zu ihrem Abt. Benedikt will diese Wahl nicht annehmen. Er sträubt sich, weil er meint, dass ihre Lebensweise nicht zu seinen Idealvorstellungen passt. Doch schließlich gibt Benedikt den Bitten der Mönche nach und geht als neuer Abt nach Vicovaro. Papst Gregor bemerkt humorvoll in seiner Beschreibung, dass nun die Mönche weder nach links noch nach rechts ausweichen konnten. An der Geradlinigkeit Benedikts stößt sich ihre Verkehrtheit. Ideal und Realität prallen aufeinander. So kommt es zum Konflikt, den die Mönche nicht offen austragen, weil ihnen ihr Gegenüber anscheinend zu stark ist. Daher mischen die Mönche ihrem Abt etwas Gift in den Wein, um auf diese Weise die ungeliebte Führungskraft loszuwerden. Das Gift wird heimlich hineingemischt in den wertvollen Wein, der für das Fest und die Gemeinschaft steht. Dies ist ein ausdrucksstarkes Bild für die »vergiftete« Atmosphäre, die es in einem Kloster geben kann. Doch Benedikt setzt dem Bösen nicht das Böse entgegen, indem er auch »Gift mischt oder spritzt«. Benedikt sucht nicht das Schlechte und sagt es auch nicht. Im Lateinischen meint fluchen »male-dicere«, also »schlechtes Sprechen«. Benedikt dagegen segnet den Becher mit dem vergifteten Wein, er bleibt beim Guten. Er segnet. Im Lateinischen heißt segnen »bene-dicere« und meint wortwörtlich übersetzt »gutes Sprechen«. Benedikt tut, was seinem Namen, seinem Lebensprogramm entspricht. »Benedictus« ist der »Gesegnete«. In die vergiftete Atmosphäre spricht er das Gute. Er bleibt damit der Tugend, der Suche nach dem Guten treu. Später gibt er dies seinen Schülern als Werkzeug der geistlichen Kunst mit an die Hand, wenn er im vierten Kapitel der Regel schreibt: »Die uns verfluchen, nicht auch verfluchen, sondern – mehr noch – sie segnen« (vgl. RB 4,32). Mit dem Segen des Abtes, so heißt es bei Papst Gregor, zerbricht der Becher. Es kommt sichtbar zum Bruch zwischen dem jungen Abt und der Gemeinschaft von Vicovaro. In der Kunst wird daher der hl. Benedikt gerne mit einem zerbrochenen Becher dargestellt, aus dem eine grüne, giftige Schlange herauskriecht. Die Schlange steht als Symbol für das Gift, aber auch für die Erkenntnis und Klugheit, wie *105* wir gesehen haben. Sein Segen, sein »bene-dicere«, macht das Schlechte und Böse sichtbar, bringt die Wahrheit ans Licht, zeigt, wie die Sache wirklich steht. Welch tröstliche und ermutigende Geschichte!

Maßvolle Unterscheidung als Mutter aller Tugenden

Schauen wir uns diese Szene nochmals mithilfe der Kardinaltugenden an. Benedikt hat die Ideale des monastischen Lebens erkannt und schätzt die Lebensweise der Mönche von Vicovaro richtig ein. Klug kommt er so zum Urteil, dass er und die Gemeinschaft nicht zusammenpassen. Und trotzdem lässt er sich breitschlagen. Fehlte ihm etwa der Mut und die Tapferkeit, »Nein« zu sagen? Oder ließ er sich von Amt und Würde blenden und folgt deshalb der eigenen Klugheit nicht? Wir kennen seine Motive nicht. Freilich fehlte es Benedikt bei der Umsetzung der Ideale nicht an Mut und Tapferkeit, sodass den Mönchen ihre Verkehrtheit und Fehlerhaftigkeit bewusst wurden. Doch scheinbar mangelte es dem jungen Abt am rechten Maß. In seinem Eifer wollte er in aller Konsequenz das Ideal durchsetzen und wurde den

Mitbrüdern in ihrer Schwachheit nicht gerecht. Später in seiner Regel legt der Mönchsvater äußersten Wert darauf, dass der Abt über die »Gabe der Unterscheidung«, über die »discretio« verfügt. So appelliert Benedikt im 64. Kapitel an das Verantwortungsbewusstsein des Abtes, wenn er schreibt: »Der Abt denke an die maßvolle Unterscheidung des heiligen Jakob, der sprach: ›Wenn ich meine Herden unterwegs überanstrenge, werden alle an einem Tage zugrunde gehen.‹ Diese und andere Zeugnisse maßvoller Unterscheidung, der Mutter aller Tugenden, beherzige er. So halte er in allem Maß, damit die Starken finden, wonach sie verlangen, und die Schwachen nicht davonlaufen« (RB 64,18 f.). Dreimal mahnt Benedikt eindringlich zum »Maß-halten« und erinnert den Abt im selben Zusammenhang an die Bedeutung der Klugheit, wenn es darum geht, Fehler auszumerzen. »Er hasse die Fehler, er liebe die Brüder. Muss er aber zurechtweisen, handle er klug und gehe nicht zu weit; sonst könnte das Gefäß zerbrechen, wenn er den Rost allzu heftig auskratzen will. Stets rechne er mit seiner eigenen Gebrechlichkeit. Er denke daran, dass man das geknickte Rohr nicht zerbrechen darf. Damit wollen wir nicht sagen, er dürfe Fehler wuchern lassen, vielmehr schneide er sie klug und liebevoll weg, wie es seiner Ansicht nach jedem weiterhilft – wir sprachen schon davon. Er suche, mehr geliebt als gefürchtet zu werden« (RB 64,11 ff.). Es fällt auf, wie offen Benedikt von der Zerbrechlichkeit spricht und wie wichtig die Klugheit und das rechte Maß werden, um eben dem schwachen Mitbruder gerecht zu werden. An anderer Stelle seiner Regel mahnt er daher, dass der Abt nicht die Gewaltherrschaft (im lateinischen Text ist von der »tyrannis« die Rede) über Gesunde übernommen hat, sondern die Sorge für gebrechliche Menschen (vgl. RB 27,6).

In Vicovaro hat Benedikt gelernt, wie wichtig neben der mutigen Umsetzung von Idealen sowohl die kluge Einschätzung der Realität als auch das besonnene und rechte Maß sind, um den Anvertrauten in ihrer Gebrechlichkeit gerecht zu werden. Es wird berichtet, dass Benedikt nach seinem Scheitern wieder in die Höhle nach Subiaco zurückkehrt. Er kehrt zurück zum Ort der Reflexion und Grundlagenforschung. Papst Gregor beschreibt diesen Prozess der inneren Klärung. Es heißt, dass Benedikt wieder bei sich selbst wohnte (im Lateinischen: »habitavit secum«). Papst Gregor erklärt, was dieses »Bei-sich-selbst-Wohnen« – »habitare secum« bedeutet: sich selbst erforschen, nicht andere, sich selbst im Auge behalten, nicht andere. Aufgrund seiner eigenen Begrenztheit und Schwäche, aufgrund des Scheiterns und Zerbrechens lernt Benedikt maßvoll mit sich und seinen Mitbrüdern umzugehen. Er wächst in der

Tugend, so schreibt Papst Gregor, und gründet in

Subiaco zwölf Klöster. So wird er zum Vater vieler Mönche, zum Fluss und zur Lebensader neuen monastischen Lebens.

Der Mensch steht im Mittelpunkt – nicht die Einhaltung von Regeln

Wie humorvoll Benedikt mit diesem Lernprozess im Spannungsfeld »Ideal – Realität« umgeht, bringt das 40. Kapitel seiner Regel über »das Maß des Getränkes« zum Ausdruck. Nur mit Skrupel, so stellt der Mönchsvater eingangs fest, lege er das Maß der Nahrung für andere fest. Die Menschen seien eben verschieden und jeder habe seine Gnadengabe von Gott, der eine so, der andere so. Dieses Zitat aus dem ersten Korintherbrief des Apostels Paulus (vgl. 1 Korinther 7,7), mit dem der Apostel die unterschiedlichen Lebensformen von Ehe und Jungfräulichkeit in seiner Gemeinde erklärt, bezieht Benedikt auf etwas sehr Alltägliches und Profanes: auf den Durst seiner Mönche. Dabei will er nicht alle über einen Kamm scheren, sondern jedem Einzelnen entsprechend seinen Bedürfnissen gerecht werden. Das meint für ihn Gerechtigkeit. So mahnt er auch in diesem scheinbar profanen Kontext den Abt, Rücksicht auf die *109*

Bedürfnisse der Schwachen zu nehmen, und legt fest, dass eine Hemina Wein am Tag genügen sollte. Wir wissen heute nicht mehr genau, was diese Maßeinheit beinhaltet, und sind darüber vielleicht auch nicht ganz unglücklich. Die Angaben schwanken zwischen einem halben und ganzen Liter. Benedikt fährt aber fort, dass es die Ortsverhältnisse, die Arbeit oder die Sommerhitze erfordern können, mehr zu geben. Dies liege im klugen Ermessen des Abtes. Er soll also weitsichtig sowohl der jeweiligen Situation als auch den äußeren Umständen Rechnung tragen. Freilich warnt der Mönchsvater auch vor dem Extremgenuss, sodass sich Übersättigung und Trunkenheit einschleichen. Und dennoch weicht Benedikt mutig vom monastischen Ideal ab, wenn er schreibt: »Zwar lesen wir, Wein passe überhaupt nicht für Mönche, weil aber die Mönche heutzutage (gemeint ist das 6. Jahrhundert!) sich davon nicht überzeugen lassen, sollten wir uns wenigstens darauf einigen, nicht bis zum Übermaß zu trinken, sondern weniger. Denn der Wein bringt sogar die Weisen zu Fall« (RB 40,6 f.). Benedikt sieht die Realität, ohne das Ideal aus dem Blick zu verlieren. Aber um den Bedürfnissen seiner Mitbrüder und den Gewohnheiten seiner Zeit gerecht zu werden, traut er sich mutig, vom Ideal abzuweichen. Sehr humorvoll tröstet er schließlich die Gemeinschaften, in deren Gegenden es keinen Wein gibt, wenn er am Ende des Kapitels feststellt: »Wo aber ungünstige Ortsverhältnisse es mit sich bringen, dass nicht einmal das oben angegebene Maß, sondern viel weniger oder überhaupt nichts zu bekommen ist, sollen Brüder, die dort wohnen, Gott preisen und nicht murren« (RB 40,8). Um des Menschen und seiner Begrenztheit willen bricht Benedikt mit dem Ideal. Der Mensch steht beim Streben nach dem Guten im Mittelpunkt, nicht die Einhaltung von Regeln, wie Benedikt nochmals am Ende seines Lebens lernen wird.

Ein Leben lang
Lernender bleiben

Auf tiefsinnige Weise beschreibt Papst Gregor, wie der alt gewordene Benedikt nochmals am Ende seines Lebens an seinen hohen Idealen scheitert. Der große Mönchsvater bleibt also lebenslang Lernender. Auch diese Tatsache ist tröstlich für uns. Inzwischen hat Benedikt auf dem Gipfel des Monte Cassino sein Kloster gegründet, an einem Ort, an dem sich Himmel und Erde begegnen, das heißt, an dem der Gipfel, der Höhepunkt der Tugend erreicht werden kann. Dort schreibt Benedikt gleichsam als Wegweisung des tugendsamen Lebens seine Regel. Papst Gregor berichtet, dass sich Benedikt einmal im Jahr mit seiner Schwester Scholastika trifft. Er muss dazu hinuntersteigen vom Berg zu einem Gut des Klosters, das nicht weit entfernt liegt. Das Hinabsteigen verdeutlicht den inneren Lernprozess dieser Szene, nämlich dass Benedikt in der Begegnung mit seiner Schwester in die Tiefe geführt wird. Beide verbringen den ganzen Tag im Lob Gottes und im geistlichen Gespräch. Als am Abend für Benedikt die Stunde des Aufbruchs kommt, bittet Scholastika den Bruder, bei ihr bis zum Morgen des nächsten Tages zu bleiben. Benedikt ist entrüstet über diesen Vorschlag. Er kann auf keinen Fall außerhalb des Klosters bleiben, da dies seine Regel, seine Lebenserfahrungen und seine Vorstellungen vom monastischen Ideal nicht zulassen.

So schlägt er die Bitte der Schwester ab und will aufbrechen. Scholastika, so beschreibt Papst Gregor, legt den Kopf in ihre Hände und diese auf den Tisch. So ganz in sich gekehrt betet sie und weint. Ihre Tränen öffnen den Himmel, sodass mitten am heiteren Himmel Wolken erscheinen und bald ein heftiges Gewitter niedergeht, sodass Benedikt das Haus nicht verlassen kann. Benedikt reagiert erstaunt und ärgerlich, wohl auch etwas erbost, weil die Schwester seine Pläne, seine Vorschriften, seine Regeln, sein Ideal durch ihr Gebet durchkreuzt hat. »Was hast du getan?«, wirft er ihr gleichsam an den Kopf. Scholastika ist um keine Antwort verlegen und stellt keck und humorvoll fest: »Siehe ich habe dich gebeten und du hast mich nicht erhört, da habe ich meinen Herrn gebeten und er hat mich erhört. Geh nur fort, wenn du kannst, verlass mich und kehre zurück in dein Kloster.« Papst Gregor beschließt diese humorvolle Episode mit dem tiefgründigen Hinweis, dass Scholastika mehr vermochte, weil sie mehr liebte. Noch einmal am Lebensende lernt Benedikt von seiner Schwester, was es heißt, zu lieben: Es ist der Mensch im Streben nach dem Guten, der den Mittelpunkt einnimmt, und nicht die Einhaltung einer Regel.

Durch Liebe mehr vermögen

Diese eindrucksvolle Szene tröstet und ermutigt zugleich, so manches Scheitern auf unserem Lebensweg demütig und mit Humor zu sehen. Zugleich bringt die Szene zum Ausdruck, dass die Liebe als höchste Tugend über allen anderen steht. Über all unserem Streben nach dem Richtigen und Guten darf sie nicht außer Acht gelassen werden. Der Apostel Paulus hat es folgendermaßen in seinem Brief an die Korinther zum Ausdruck gebracht: »Für jetzt bleiben Glaube, Hoffnung und Liebe, diese drei, aber am höchsten von ihnen ist die Liebe« (1 Korinther 13,13).

Wenn wir uns also auf den Weg der Tugendlehre begeben und dabei an unsere Grenzen stoßen, darf uns das nicht entmutigen. Für den gläubigen Menschen steht über den eigenen Werten die liebende Annahme Gottes, die theologisch gesprochen Gnade genannt wird. Gott liebt den Menschen vorbehaltlos und ohne, dass er bereits irgendeine Leistung erbracht hätte oder erbringen müsste. So ist es verständlich, wenn der dänische Philosoph und Theologe, Sören Kierkegaard, feststellt, dass das Gegenteil von Sünde nicht Tugend, sondern Gnade ist. Diese Überzeugung teilt letztlich auch der heilige Benedikt. Im vierten Kapitel der Benediktsregel über die Instrumente der geistlichen Kunst beschreibt der Mönchsvater ausführlich die Werkzeuge, die dem Mönch helfen sollen, tugendhaft zu leben. Es ist wahrhaft ein ausführlicher Tugendkatalog, ein immenses Instrumentarium, das er zur Umsetzung dem Einzelnen an die Hand gibt. So werden die Zehn Gebote, die Werke der Barmherzigkeit und vieles andere mehr nacheinander aufgelistet. Es erscheint als unmöglich, allen Anforderungen gerecht zu werden und ein

Scheitern ist nahezu vorprogrammiert. Entlastend und aufbauend benennt Benedikt daher als letztes Werkzeug, das dem Mönch helfen soll, gut und richtig zu leben: »Und an Gottes Barmherzigkeit niemals verzweifeln« (vgl. RB 4,74). Damit kommen am Ende dieses Buches über die vier Kardinaltugenden noch die drei göttlichen Tugenden in den Blick: Glaube, Hoffnung und Liebe. Im Glauben, also im festen Vertrauen, dass Gott uns liebt, und in der Hoffnung, dass diese seine Liebe letztlich größer ist als unser Herz, ermutigt die Gestalt des heiligen Benedikt, klug und gerecht, mutig und maßvoll den je eigenen Lebensweg mit seinen Höhen und Tiefen, mit seinen Erfolgen und seinem Scheitern zu gehen, *ut in omnibus glorificetur Deus!* (RB 57,9)

LITERATUR

Brantschen, Niklaus, Vom Vorteil, gut zu sein, München [3]2006.

Ders., Vom Vorteil, gut zu sein, CD, München 2007.

Gruber, Elmar, Lass Schaf und Wolf zusammen in dir wohnen, München 1991.

Katechismus der katholischen Kirche, Oldenbourg 2003, 1803-1804, 1833-1834.

Martini, Carlo Maria, Damit Leben stimmig wird, München 2001.

Pieper, Josef, Über die Tugenden. Klugheit – Gerechtigkeit – Tapferkeit – Maß, München 2004.

Pieper, Josef, Muße und Kult, Neuauflage München 2007.

Stock, Konrad, Grundlegung der protestantischen Tugendlehre, Gütersloh 1995.